A Gestalt-terapia

Dados Internacionais de Catalogação na Publicação (CIP)
(Câmara Brasileira do Livro, SP, Brasil

Masquelier-Savatier, Chantal
   A Gestalt-terapia / Chantal Masquelier-Savatier ; tradução de Álvaro Mendonça Pimentel. – Petrópolis, RJ : Vozes, 2025.

Título original: La Gestalt-thérapie.

1ª reimpressão, 2025.

ISBN 978-85-326-6954-4

1. Fenomenologia existencial 2. Gestalt (Psicologia) 3. Gestalt-terapia 4. Psicologia I. Título.

24-219494   CDD-150.1982

Índices para catálogo sistemático:
1. Gestalt-terapia : Psicologia 150.1982

Tábata Alves da Silva – Bibliotecária – CRB-8/9253

Chantal Masquelier-Savatier

A Gestalt-terapia

Tradução de Álvaro Mendonça Pimentel

Petrópolis

© Que sais-je? / Humensis, 2022.

Tradução do original em francês intitulado *La gestalt-thérapie*.

Direitos de publicação em língua portuguesa:
2025, Editora Vozes Ltda.
Rua Frei Luís, 100
25689-900 Petrópolis, RJ
www.vozes.com.br
Brasil

Todos os direitos reservados. Nenhuma parte desta obra poderá ser reproduzida ou transmitida por qualquer forma e/ou quaisquer meios (eletrônico ou mecânico, incluindo fotocópia e gravação) ou arquivada em qualquer sistema ou banco de dados sem permissão escrita da editora.

Conselho Editorial

Diretor
Volney J. Berkenbrock

Editores
Aline dos Santos Carneiro
Edrian Josué Pasini
Marilac Loraine Oleniki
Welder Lancieri Marchini

Conselheiros
Elói Dionísio Piva
Francisco Morás
Gilberto Gonçalves Garcia
Ludovico Garmus
Teobaldo Heidemann

Secretário executivo
Leonardo A.R.T. dos Santos

PRODUÇÃO EDITORIAL

Aline L.R. de Barros
Marcelo Telles
Mirela de Oliveira
Natália França
Otaviano M. Cunha
Priscilla A.F. Alves
Rafael de Oliveira
Samuel Rezende
Vanessa Luz
Verônica M. Guedes

Diagramação: Sheilandre Desenv. Gráfico
Revisão gráfica: Michele Guedes Schmid
Capa: Larissa Sugahara

ISBN 978-85-326-6954-4 (Brasil)
ISBN 978-2-7154-1236-1 (França)

Este livro foi composto e impresso pela Editora Vozes Ltda.

Sumário

Introdução, 9

1 Uma sucessão de encontros, 11
  1.1 Nascimento da Gestalt-terapia, 11
  1.2 Três personalidades complementares, 13
    1.2.1 Friedrich Perls (1893-1970), 13
    1.2.2 Lore Posner-Perls (1905-1990), 18
    1.2.3 Paul Goodman (1911-1972), 22
  1.3 Criação coletiva, 26

2 Um caminho integrativo, 28
  2.1 Filha da psicanálise, 28
    2.1.1 Desacordo com Sigmund Freud (1856-1939), 28
    2.1.2 A influência direta de Wilhelm Reich (1897-1957), 30
    2.1.3 Inovações de Otto Rank (1884-1939), 32
  2.2 Da Gestalt-psicologia à Gestalt-terapia, 34
    2.2.1 A questão da percepção, 34
    2.2.2 Princípio fundamental e leis da percepção, 36
    2.2.3 Conceitos pertinentes em Gestalt-terapia, 37
  2.3 Perspectiva de campo, 40
    2.3.1 O campo de Lewin, 40

      2.3.2 Cinco princípios da teoria de campo, 41
      2.3.3 Unidade do campo organismo/ambiente, 43
3 Fundamentos filosóficos, 45
   3.1 A fenomenologia, 45
      3.1.1 Postulados, 46
      3.1.2 Alguns fenomenólogos, 46
      3.1.3 Atitude fenomenológica, 48
   3.2 O pragmatismo, 49
      3.2.1 Bases, 49
      3.2.2 Alguns atores, 50
      3.2.3 A posição pragmática, 51
   3.3 O existencialismo, 52
      3.3.1 De homens e de ideias, 52
      3.3.2 A angústia existencial, 53
      3.3.3 Os dados existenciais, 55
      3.3.4 Questionamento existencial, 56
   3.4 Sabedorias orientais, 57
4 Uma teoria do contato, 60
   4.1 Algumas definições, 60
      4.1.1 Contato e contatar, 60
      4.1.2 O *self* gestáltico, 62
      4.1.3 A fronteira de contato, 63
      4.1.4 O ajustamento criativo, 64
   4.2 A sequência de contato, 65
      4.2.1 O pré-contato, 66
      4.2.2 O processo de contato, 66
      4.2.3 O contato final, 67
      4.2.4 O pós-contato, 67

4.3 Propriedades e modalidades do *self*, 68
  4.3.1 O modo Id, 70
  4.3.2 O modo Ego, 71
  4.3.3 O modo médio, 73
  4.3.4 O modo Personalidade, 73
  4.3.5 Projeto terapêutico, 75
4.4 Flexões do self, 76
  4.4.1 A confluência, 77
  4.4.2 A introjeção, 78
  4.4.3 A projeção, 79
  4.4.4 A retroflexão, 81
  4.4.5 O egotismo, 83

5 A postura do Gestalt-terapeuta, 85
  5.1 A presença, 85
  5.2 A consciência, 86
    5.2.1 Awareness, 87
    5.2.2 Consciousness, 88
    5.2.3 Consciente / não consciente / inconsciente, 89
  5.3 Intercorporalidade, 90
    5.3.1 Ser um corpo, 90
    5.3.2 Intercorporar, 91
  5.4 Coconstrução, 92
    5.4.1 Abertura, 93
    5.4.2 Partir do indiferenciado, 95
    5.4.3 Construção de sentido, 96
    5.4.4 Desvelamento, 97
    5.4.5 Na prática, 100

5.5 Experiência, 102
    5.5.1 Declinações da experiência, 102
    5.5.2 Diferentes orientações, 103

6 A atualidade da Gestalt-terapia, 108
  6.1 A psicologia humanista, 108
  6.2 Concepção de saúde, 109
    6.2.1 Saúde e patologia, 110
    6.2.2 Retorno sobre a postura, 111
    6.2.3. Objetivo da terapia, 111
  6.3 Descobertas das neurociências, 112
    6.3.1 Emoção e cognição, 113
    6.3.2 Empatia, 113
    6.3.3 Afinação, 114
    6.3.4 Relação terapêutica, 114

Conclusão
O compromisso do terapeuta da Gestalt, 116

  1 Na prática, 117
  2 Na terapia individual, 117
  3 No grupo terapêutico, 118
  4 Na organização, 118
  5 Ética e deontologia, 119
  6 O lugar da Gestalt-terapia, 120

Referências, 121

Introdução

Dirigir-se a um "psi" faz parte do espírito do tempo. Mais e mais pessoas iniciam e se comprometem num trabalho terapêutico. A motivação varia: do pedido de socorro a partir de um grande sofrimento ao simples desejo de estar de bem com a vida. Seja qual for a razão apresentada, esse passo constitui o desejo de se fazer ajudar. Dito isto, revela-se difícil localizar--se nas diferentes práticas "psi" e na diversidade dos métodos propostos. Entre eles, a Gestalt-terapia tornou-se uma abordagem de referência, mais conhecida sobre o terreno do que nas universidades. Seu nome estrangeiro intriga e difunde um halo misterioso que atiça a curiosidade sem desvelar claramente sua identidade.

A Gestalt-terapia dedica-se à terapia da "Gestalt", ou seja, ela se aplica à "forma"[1]; ela visa a movimentação de formas imóveis para fluidificar a troca entre o organismo e o ambiente. A Gestalt-terapia não se ocupa do psiquismo, enquanto entidade pré-existente, mas se interessa pela experiência de contato, na hipótese em que a sedimentação das experiências é constituinte da *psyché*, que significa etimologicamente "sopro". Levar em

---
1. *Gestalt*, termo alemão que significa *forma* ou *figura*, no sentido de "ganhar forma".

9

consideração a respiração no fluxo das trocas continuamente cambiantes entre o organismo e o ambiente, no vai-e-vem do dar e do receber, traduz o caminho assumido pela Gestalt-terapia.

Para apreender concretamente a especificidade dessa postura, eis, esboçado em alguns traços, o retrato do Gestalt-terapeuta:

- Acolhimento: o terapeuta acolhe todo pedido de ajuda e valoriza o processo em si mesmo, como um movimento, uma saída do imobilismo ou do fechamento.
- Aparato: o terapeuta instala-se confortavelmente com seu paciente num face a face; eles examinam juntos a situação e o próprio fato de estarem juntos introduz algo de novidade.
- Constatação: o terapeuta acompanha o desdobramento das dificuldades, evitando todo julgamento sobre a conduta do paciente; considera-se a maneira pela qual o paciente ajustou-se às situações em que ele se encontra como adaptada àquele momento.
- Processo: o terapeuta está atento ao modo como as coisas ocorrem com o paciente (sensações, gestos, mímicas, voz, emoções). Não busca explicação causal dos fatos, mas se interessa pelo processo mais do que pelo conteúdo.
- Ritmo: paciente e terapeuta se familiarizam, progressivamente, de maneira a construir novos modos de gerir o cotidiano e de dar sentido à vida. Trata-se não de descobrir um sentido oculto no sofrimento, mas de transformá-lo juntos.

Essa descrição simplificada apoia-se sobre uma história, fundamentos, uma teoria e uma prática desdobradas nas páginas que seguem.

1
Uma sucessão de encontros

1.1 Nascimento da Gestalt-terapia

A Gestalt-terapia nasce de um encontro. A obra *princeps*, *Gestalt-terapia*, publicada nos Estados Unidos em 1951, dá testemunho disso, pois é assinada por três pessoas: Frederik Perls, Paul Goodman e Ralph Hefferline (Perls, Hefferline, & Goodman, 2001). Na primavera de 1946, vindo da África do Sul onde trabalhava como psiquiatra-psicanalista, Perls chega a Nova York com um manuscrito de uma centena de páginas em sua bagagem, no qual resume seu novo método terapêutico. À sua chegada, ele procura encontrar Goodman, intrigado por um artigo descoberto na revista *Politics* onde este último desenvolvia as posições de Wilhelm Reich e dos neo-freudianos. Graças a algumas coincidências, os dois homens se encontram em Nova York numa rede de pensadores livres. De seu lado, Goodman está interessado pelo que Perls tira de sua experiência psicanalítica com Reich e pelas inovações técnicas deste último. Assim, a aproximação entre ambos se apoia em seu interesse comum por esse terceiro confrade e, mais particularmente, numa concepção de saúde inovadora: a autorregulação organísmica, princípio segundo o qual a faculdade de assimilar a novidade se reenergiza continuamente, nutrida pela relação ao ambiente. Essa capacidade do organismo a tender naturalmente ao equilíbrio é inicialmente demonstrada pelas investigações de Kurt Goldstein, que se refere à Gestalt-psicologia. Em sua primeira obra, *O Ego, a fome e a agressividade* (Perls, 1978), Perls apoiado por Lore, sua esposa, desenvolvera "a terapia da concentração", centrada na experiência do momento presente. Sofrível escritor anglófono, ele precisa de ajuda para pôr em forma e redigir a sequência de seus avanços. O encontro com Paul Goodman oferece-lhe esta oportunidade.

Goodman, homem letrado, reina no coração de um círculo de intelectuais boêmios que se liberam dos valores tradicionais, buscando novas formas de vida social. Nessa órbita, a busca de autenticidade que impele a harmonizar sua vida e suas ideias, concorda com a procura perlsiana. Goodman, quanto a ele, encontra-se numa virada de sua carreira. Decepcionado pelo eco contido dado a suas primeiras produções literárias (teatro, romance e poesia), ele busca novo modo de colocar sua arte a serviço de seus concidadãos, o que o conduzirá mais tarde ao engajamento político que, enfim, o tornará conhecido. Sua participação na elaboração da Gestalt-terapia e em seu desenvolvimento, nos anos 1950, impulsiona uma dinâmica em seu percurso. Seduzido pelas ideias de Perls, ele dedica-lhe sua pluma e facilita a integração do casal na rede novaiorquina.

Conquistada por essas perspectivas inovadoras, gravita em torno do trio mais de uma dezena de pensadores e artistas, sufocando no conformismo do pós-guerra. Não somente médicos e psicanalistas, mas também escritores e artistas são atraídos pela possibilidade de expandir sua criatividade, de sair das convenções e alargar seus limites. O entusiasmo pelas novas formas artísticas surge nessa órbita, como o *Living Theater*, impulsionado por Julian Beck e sua esposa Judith Malina, que favorece a expressão direta do sentimento vívido através do contato espontâneo com o público mais do que pela aprendizagem repetitiva de papéis. O debate de ideias conquista os sujeitos intersociais numa abertura à filosofia e à psicologia. Marcados por seu conhecimento e sua experiência da psicanálise, Goodman como Friedrich e Lore Perls, sem denegar sua bagagem inicial, buscam modos mais satisfatórios de compreensão da condição humana e de seu sofrimento. Nesse ambiente efervescente, constitui-se um pequeno grupo motivado que se encontra regularmente na casa dos Perls a partir dos anos 1948-1949. Suas interações nutrem o terreno favorável à emergência da Gestalt-terapia.

1.2 Três personalidades complementares

1.2.1 Friedrich Perls (1893-1970)

(A) Alemanha. – Friedrich Perls nasce no dia 8 de julho de 1893 numa abastada família judia de Berlim. Desde a adolescência, seu espírito rebelde e anticonformista gera conflitos com seus pais e as instituições. Ele descobre uma paixão pela improvisação, sob a égide de um diretor de teatro original, Max Reinhardt, que encoraja seus alunos: "Sejam mais vocês mesmos!" Essa iniciação ao teatro de vanguarda se revelará uma fonte de inspiração para a Gestalt-terapia. Mais tarde, a Primeira Guerra mundial interrompe os estudos de medicina de Perls, que se alista e se torna enfermeiro no *front* (1915). O horror da guerra marca-o profundamente. Vítima de antissemitismo, ele se

pergunta quem é seu verdadeiro inimigo. Intoxicado e ferido pela explosão de uma granada, ele é repatriado e hospitalizado. Conclui sua formação de médico e torna-se neuropsiquiatra aos 27 anos. Mergulhado na dinâmica cultural de Berlim, adere ao grupo libertário do *Bauhaus* que reúne artistas, poetas, arquitetos, filósofos. A psicanálise, abordagem radical e controversa, une-se a sua procura de uma nova arte de viver. Dentre diversas influências, alguns encontros balizam seu percurso, determinantes para a futura elaboração da Gestalt-terapia:

- Karen Horney, sua primeira analista, suscita-lhe o desejo de tornar-se psicanalista. Negligenciando a exploração do passado para centrar-se sobre a atualidade, ela distancia-se da herança freudiana. Emigrada para os Estados Unidos, ela continuará a apoiá-lo.
- Salomon Friedlaender desenvolve o conceito de "vida fértil", estado indiferenciado que precede o surgimento de uma nova sensação e sucede sua passagem.
- Kurt Goldstein, professor de medicina em Frankfurt, inicia-o na Gestalt-teoria. Goldstein promove uma abordagem global do ser humano e refuta a fragmentação em órgãos, partes ou funções. Perls será seu assistente durante algum tempo (1926).
- Psicanalistas como Clara Happel, Eugen Harnick, Helene Deutsche, Paul Schilder, Otto Fenichel, foram seus analistas ou supervisores. A atitude fria e dogmática de alguns o desestabiliza e o afasta dessa postura.
- Wilhelm Reich, psicanalista dissidente será seu quarto terapeuta (1930). Seus trabalhos a respeito da "couraça muscular" influenciam Perls, abrindo a porta à expressão

do corpo e das emoções. Ele declara então sentir-se, enfim, compreendido e energizado!

(B) *África do Sul.* – A ascensão do nazismo impõe-lhe fugir da Alemanha. Após uma etapa na Holanda, Perls encontra um posto na África do Sul, graças a Ernest Jones (biógrafo de Freud). Em Johannesburg, o casal Perls funda o Instituto sul-africano de psicanálise, que atrai numerosa clientela. Nessa época, Perls conserva o dispositivo analítico do divã. Suas investigações compartilhadas com sua companheira o conduzem a desenvolver a importância da oralidade no primeiro ano da criança, como modelo da relação com o mundo. Em 1936, ele se dirige a Marienbad, ao "Congresso internacional de psicanálise", para comunicar suas descobertas. Profundamente decepcionado pelo acolhimento reservado de Freud, ele não se desencoraja e persegue suas teses que desembocam em seu primeiro livro, *O Ego, a fome e a agressividade*. Perls (1978) aí demonstra a necessidade de uma sã agressividade. O subtítulo da obra, *Revisão da teoria de Freud e de seu método,* manifesta claramente o desejo de afastar-se da psicanálise. Seu período na África do Sul marca uma virada. Novos contatos o influenciam, com Jan Cristian Smuts, filósofo e personagem político, cujo aporte consiste na noção de "holismo", que propõe uma visão global do indivíduo e da sociedade.

(B) *África do Sul.* – A ascensão do nazismo impõe-lhe fugir da Alemanha. Após uma etapa na Holanda, Perls encontra um posto na África do Sul, graças a Ernest Jones (biógrafo de Freud). Em Johannesburg, o casal Perls funda o Instituto sul-africano de psicanálise, que atrai numerosa clientela. Nessa época, Perls conserva o dispositivo analítico do divã. Suas

15

investigações compartilhadas com sua companheira o conduzem a desenvolver a importância da oralidade no primeiro ano da criança, como modelo da relação com o mundo. Em 1936, ele se dirige a Marienbad, ao "Congresso internacional de psicanálise", para comunicar suas descobertas. Profundamente decepcionado pelo acolhimento reservado de Freud, ele não se desencoraja e persegue suas teses que desembocam em seu primeiro livro, *O Ego, a fome e a agressividade*. Perls (1978) aí demonstra a necessidade de uma sã agressividade. O subtítulo da obra, *Revisão da teoria de Freud e de seu método*, manifesta claramente o desejo de afastar-se da psicanálise. Seu período na África do Sul marca uma virada. Novos contatos o influenciam, com Jan Cristian Smuts, filósofo e personagem político, cujo aporte consiste na noção de "holismo", que propõe uma visão global do indivíduo e da sociedade.

(C) *Estados Unidos*. – Em 1946, Friedrich Perls, doravante chamado Frederik e logo Fritz, decide instalar-se em Nova York. Um comitê de acolhida composto de psicanalistas emigrados – como Karen Horney, sua primeira terapeuta, Erich Fromm, conhecido por sua abordagem existencial e Clara Thompson, aluna de Ferenczi – permite-lhe fazer rapidamente uma nova clientela. Sua família se reúne a ele em 1947. A Gestalt-terapia elabora-se progressivamente no crisol de um círculo íntimo e desemboca na publicação de *Gestalt-therapy* (1951). O Instituto de Gestalt de Nova York é criado em 1952, seguido de perto por aquele de Cleveland. Sua esposa descreve assim o lugar de Perls no Instituto: "Sem o apoio e os encorajamentos constantes de seus amigos, seu meu apoio e sem uma colaboração contínua, Fritz não teria jamais escrito uma única linha nem fundado o que quer que seja" (Perls, 2001). Ele lança ideias, mas deixa a Laura e a Paul Goodman o cuidado de aprofundar o método e de formar especialistas.

Perls continua sua itinerância solitária, para a Flórida e depois para a Califórnia. Em busca de novas experiência, ele cede um pouco às drogas psicodélicas, entrega-se à fantasia de algumas paixões amorosas, depois empreende, aos 70 anos, uma verdadeira viagem ao redor do mundo até o Japão. Ao retornar, em 1964, ele encontra Michaël Murphy, proprietário de um domínio à beira do Pacífico, transformado em "Centro de desenvolvimento do Potencial humano", onde se estabelece por cinco anos. Em Esalen, produz-se a metamorfose do "velho crocodilo à espera da morte num brilhante terapeuta festeiro" (Ginger, 2009, p.100). Ele esquece seus problemas cardíacos e encontra nova juventude.

O movimento libertário de 1968 enseja um voo fulgurante para a psicologia humanista e a Gestalt-terapia. Perls, enfim célebre, vê seu retrato reinar na capa da revista *Life*; ele é promovido a "rei dos hippies". Suas demonstrações são espetaculares: por exemplo a prática do *hot seat*, "a cadeira quente", na qual faz sentar-se o cliente em face de uma *empty chair*, uma "cadeira vazia", em que o cliente pode projetar personagens imaginários. A imagem da Gestalt-terapia permanece ainda identificada a essa técnica famosa. À época, Esalen é um lugar fantástico que atrai os líderes do movimento do Potencial humano, como Gregory Bateson, Alexander Lowen, Stanislas Grof, Will Schutz, Virginia Satir... Mas Perls abandona essa vizinhança, para fundar sua própria comunidade numa ilha de Vancouver, no Canadá. Ele continua a promover a Gestalt, dando conferências. Em março de 1970, uma pneumonia o obriga a anular uma apresentação em Chicago, onde é hospitalizado de urgência. Morre alguns dias mais tarde com a idade de 77 anos, rebelde até o fim como o testemunha essa última frase dirigida aos que o tratavam: "Eu os proíbo de me dizer o que devo fazer!" (Shepard, 1980, p. 206).

Assim, o período americano da vida de Perls se reparte em duas etapas. A primeira reúne discípulos com os quais ele elabora uma nova abordagem terapêutica, a segunda o vê retomar sua condição de judeu errante, sempre em busca de um outro lugar melhor... Nessa última fase, ele afirma um estilo pessoal que o aproxima das correntes reichianas, colocando o acento sobre a liberação das emoções. De seu lado, Laura Perls e Paul Goodman aprofundam a investigação clínica que enraíza a teoria gestáltica. Esses dois momentos, que se distinguem geograficamente pela passagem da costa leste à costa oeste, simbolizam a tensão entre uma polaridade conceitual e uma polaridade experiencial, clivagem que contina a marcar a herança da Gestalt-terapia.

1.2.2 Lore Posner-Perls (1905-1990)

(A) *Alemanha.* – Lore Posner encontra Friedrich Perls em 1925 em Frankfurt, quando ele se torna o assistente do Dr. Goldstein de quem ela é aluna. A atração de Lore por Fritz é paradoxal. Doze anos mais velho do que ela, ele a impressiona graças a sua condição de médico e ex-combatente. Ao mesmo tempo, o estilo boêmio e não convencional de seu amante libera a jovem mulher das pressões sociais de seu meio.

Nascida em 1905, num meio burguês do povoado de Pforzheim, iniciada muito jovem ao piano e à poesia, Lore se distingue por sua curiosidade intelectual, que lhe permite seguir estudos de direito, sendo ela uma das primeiras mulheres de sua geração. No entanto, seu interesse pelas áreas jurídica e econômica, domínios que a predestinavam a permanecer em seu meio de origem, esfumam-se em proveito da psicologia e da filosofia. Apaixonada pela arte, pela literatura e, sobretudo, pela música e a dança, ela se beneficia do estímulo intelectual e artístico de Frankfurt, cidade universitária e vanguardista. Prossegue seus estudos até o doutorado em psicologia. A marca da Gestalt-psicologia e da fenomenologia sobre a Gestalt-terapia lhe deve muito. Certas frequentações marcam sua orientação:

- seus professores Martin Buber, filósofo existencialista e autor da obra *Eu e Tu* (1923), e Paul Tillich, teólogo apaixonado pelo existencialismo e a sociologia;
- o pesquisador Kurt Goldstein, já mencionado, autor de *A Estrutura do organismo* (1934);
- o Instituto Psicanalítico de Frankfurt;
- seu percurso analítico com Clara Happel, depois Karl Landauer, amigo de Ferenczi e de Groddeck (discípulos dissidentes de Freud);
- Enfim, Elsa Gindler, com a qual Laura se forma numa prática corporal que alia concentração e distensão. Os conceitos caros a Gindler, como "experimentação", "interrupções do contato", "*awareness*", "aqui e agora", reencontram-se no desenvolvimento da Gestalt-terapia.

(B) *África do Sul.* – Após a insegurança e a precariedade dos primeiros anos – nascimento de sua filha Renate (1931), ascensão do fascismo, migração para a Holanda (1933) – o jovem casal instala-se na África do sul (1934), onde nasce seu filho Stephen (1935).

Em Johannesburg, a amenidade das condições de vida permite a Lore, que angliciza seu nome, dedicar-se à sua vocação profissional e desenvolver sua própria clientela. Ela ajuda Fritz a preparar a comunicação a respeito da oralidade, para o congresso de psicanálise de 1936. Na sequência do acolhimento mitigado de suas ideias, como vimos, a tenacidade de Laura o faz perseverar. Juntos eles realizam a revisão da teoria freudiana, proposta numa primeira publicação. Ela resume assim o caminho de ambos:

> Em *O Ego, a fome e a agressividade,* nós partimos de uma perspectiva freudiana histórico-arqueológica para evoluir rumo a uma perspectiva existencial-experiencial, de uma psicologia associativa a uma visão holística, de uma abordagem puramente verbal a um ponto de vista organísmico, da interpretação à tomada de consciência direta aqui e agora, da transferência ao contato no presente, da noção de Ego enquanto substância tendo fronteiras, a um Ego que é ele mesmo o fenômeno de fronteira (Perls, 1993, p. 134)

(C) *Estados Unidos.* – Tendo chegado a Nova York em 1948, Laura une-se ao grupo multirreferencial que se torna o verdadeiro cadinho da Gestalt-terapia. O encontro com Paul Goodman, que Fritz frequentava desde sua chegada, é determinante. A referência comum a Reich, dissidente da psicanálise, valorizando as dimensões corporal e emocional, solda o trio "Fritz, Laura e Paul". Por diversas vezes, Laura insiste a respeito do que é devido a Paul Goodman: "a elaboração de uma teoria coerente da psicoterapia gestáltica" que desemboca na publicação de um volume duplo *Gestalt-terapia, excitação e desenvolvimento nas relações humanas* (1951), consignado pelos três autores.

A cada semana, Laura reúne alguns antigos pacientes, entre eles Paul Goodman, Elliott Shapiro, Paul Weisz. "Seu grupo de gênios" (Stoehr, 2012, p. 146), como lhe apraz chamá-lo, evolui rapidamente na direção de um grupo de formação. Em 1952, Laura desempenha importante papel na criação do Instituto de Nova York, pois o sucesso da Gestalt atrai tantos estudantes que ela é convidada a abraçar e incentivar o projeto. O ensino e a transmissão tornam-se seu florão, mas essencialmente na forma de comunicações orais. Seus únicos vestígios escritos são reunidos na compilação de Laura Perls, *Viver na fronteira* (Perls, 1993). Graças a esses trechos escolhidos, percebe-se sua sensibilidade às dimensões artísticas, filosóficas e espirituais. Seu gosto pela música e pela dança orientam-na na direção da euritmia e da expressão corporal. A atenção particular ao corpo e ao movimento impulsiona-a a integrar exercícios físicos ao trabalho terapêutico.

Sua formação inicial impregnada de fenomenologia e de existencialismo orienta sua postura, que insiste sobre a importância do momento presente: "A psicoterapia gestáltica é uma abordagem existencial, experiencial e experimental que encontra sua fonte no que é, e não no que foi ou deveria ter sido" (Perls, 1993, p.119). A psicoterapia é definida como "um processo anárquico que não visa a ajudar as pessoas a se conformar a regras preestabelecidas, a um sistema dado, mas sobretudo a adaptar-se ao seu próprio potencial criativo" (Perls, 1993, p. 28). A contribuição específica da única mulher da equipe reside na atenção dirigida aos fenômenos de fronteira e no apoio fornecido ao desdobramento do processo.

Quando seu esposo se lança em seu próprio itinerário, Laura decide permanecer em Nova York e aprofundar a clínica da

Gestalt-terapia. Ela se afasta da evolução da prática de Fritz e, por vezes, deplora que a imagem da Gestalt-terapia seja associada a demonstrações espetaculares. Ela exprime seu desacordo quanto à aplicação desse método a pacientes perturbados, para quem ele seria inadaptado. Fritz dirigia-se, então, a "profissionais que acumulavam vários anos de prática e de terapia ou de análise. Ele simplesmente evitava pessoas em condição de risco" (Perls, 1993, p.25). O estilo adotado por Perls volta-se para um pensamento associativo e analítico que contradiz os avanços inovadores da *Gestalt-terapia*. A clarividência de Laura Perls ganha todo seu sentido hoje, na atualidade dos debates a respeito da concepção do cuidado e da psicoterapia. No fim de sua vida, ela ama regressar à Europa, e tem frequentes estadias em sua cidade natal, onde expira aos 85 anos de idade.

1.2.3 Paul Goodman (1911-1972)

(A) *Um homem letrado*. – Uma infância movimentada, no coração de Greenwich Village, onde ele nasce em 1911, faz de Paul Goodman o protótipo do *self-made-man*. Educado por sua irmã mais velha, pois a mãe trabalha para atender às necessidades da família abandonada pelo pai, essa criança entregue a si mesma traça um caminho surpreendente na conquista de diplomas. Distinguindo-se por seu espírito brilhante desde as classes primárias numa escola judaica de Nova York, ele frequenta a seguir estabelecimentos renomados, antes de inscrever-se na universidade de Chicago em 1940, onde obtém um doutorado em 1954. Suas experiências com a escrita remontam à adolescência. Ele publica a partir de 1932 e acumula as carreiras de professor universitário e de escritor. Sua produção literária é variada: poemas, romances, ensaios, peças de teatro etc.

O espírito original e contestador manifesta-se em sua vida privada, pois ele concilia seus costumes a suas ideias. Sua maneira de viver abertamente a homossexualidade revela-se dificilmente compatível com a função de professor e ele se vê sucessivamente excluído de diversos estabelecimentos. Após um primeiro revés conjugal, sua vida sentimental se estabiliza no matrimônio com Sally que acompanha seu envolvimento com a Gestalt-terapia, e a seguir sua orientação política. Juntos, eles educam três crianças.

Sobre o plano profissional, Paul Goodman é um autodidata independente. Esse erudito associa uma cultura clássica a um espírito libertário. Seus pontos de referência são:

- Sólidas referências filosóficas que sustentam seu discurso, notadamente o pensamento de Aristóteles que propõe uma visão encarnada do indivíduo.
- O pragmatismo, corrente filosófica marcante nos Estados Unidos. Na universidade de Columbia, nos inícios dos anos 1930, ele encontra o professor Mac Keon, ele mesmo antigo aluno de Georges Dewey, líder do pragmatismo. Essa corrente é muito acentuada em Chicago onde Goodman prossegue seu *cursus* até a tese.
- As fontes europeias da Gestalt-psicologia e da fenomenologia. Ele cita com frequência Goldstein, que virá solicitar-lhe cursos de inglês, quando de seu desembarque nos Estados Unidos, curiosa coincidência.
- Um olhar apaixonado e crítico em relação à psicanálise freudiana. Seus interesses pelas interações sociais conduzem-no a voltar-se para psicanalistas dissidentes, tais como Reich ou Fromm, igualmente Rank que concede grande espaço ao "aqui e agora".

- As correntes de pensamento oriental, em particular o taoismo que inspira sua busca de reconciliação com a natureza e convida a abandonar-se ao momento presente.

(B) *Encontro com a Gestalt-terapia.* – O espírito desbordante de Paul Goodman interessa-se por tudo o que concerne à relação entre o indivíduo e seu ambiente social. Desde os anos 1940, ele encontra Wilhelm Reich e empreende uma psicoterapia com seu discípulo, o bioenergético Alexandre Lowen. Muito sensibilizado pela dimensão sociopolítica, Goodman busca uma harmonia entre o organismo e o ambiente:

> A partir do momento em que o indivíduo e o mundo estão naturalmente em simbiose, é por um retorno à autorregulação do campo organismo/ambiente, ou seja, por uma rejeição das instituições artificiais exteriores […] que o homem poderá recuperar as condições ótimas de seu desenvolvimento pessoal e de sua saúde orgânica, social, mental e política (Vincent, 2003, p. 161).

A abordagem proposta pelo casal Perls concorda com suas aspirações e ele se torna paciente de Laura. Após a publicação do livro fundador, Fritz se distancia, enquanto a investigação teórico-clínica aproxima Laura e Paul.

Paul Goodman faz parte dos membros fundadores do *New York Institute for Gestalt Therapy*. Laura descreve-o como: "um homem do Renascimento, um dos raros que a América tenha talhado. Aqui, as pessoas geralmente não têm essa educação e essa cultura no que se refere às línguas, à filosofia, à antropologia, à arte e à música. Paul desfrutava dessa riqueza que ele integrara à sua maneira de ser". Durante uma década, ele recebe pacientes, anima grupos de psicoterapia e persevera na condução de ateliês e de seminários de formação no Instituto de Nova York e, mais tarde, naquele de Cleveland.

Esse pensador consagra grande parte de sua obra à articulação entre o individual e o social, entre o psicológico e o sociológico. Demonstra a complementaridade da liberação psicológica e da liberação política: a transformação do mundo e de si acompanham-se. O remédio estaria em tomar "menos a sério a grande sociedade e em interessar-se pela sociedade que verdadeiramente temos" (Vincent, 2003, p. 171). Amando definir-se como um "conservador neolítico", respeitoso da herança do passado e aberto às inovações, ele busca conciliar a continuidade e a mudança. Sua concepção de adaptação criadora provém daí. Assim concebido, o processo de crescimento tem consequências políticas, uma vez que não pode satisfazer-se com o conservadorismo da ordem estabelecida.

Paul Goodman torna-se enfim célebre em 1960, graças à publicação do panfleto *Growing Up Absurd*. Sua busca erótica de comunhão com a natureza beira à utopia, mas seu entusiasmo adere às mudanças da época. Seu anarquismo libertário encontra um eco favorável na juventude mobilizada pelos movimentos pacifistas da contracultura. Bernard Vincent, autor de uma tese doutoral sobre Paul Goodman (1976) o vê como um precursor: "o que o distingue a princípio é ter sido o primeiro a enunciar certas verdades essenciais sobre nosso tempo" (Vincent, 2003, p. 161). Assim, ele precede Marcuse, Cooper e Laing; e teria influenciado Illich. Sua reflexão filosófica e política tem grande impacto, o que leva Susan Sontag a dizer: "Ele era nosso Sartre, nosso Cocteau [...]. Mas tinha dons que Sartre e Cocteau jamais tiveram: uma consciência intrépida da complexidade da existência, uma exigência moral imensa e minuciosa" (Sontag, 1992). Ele é quem pronuncia a oração fúnebre nas exéquias de

Perls em 1970, dois anos antes de sua própria morte, com 61 anos de idade: um ataque cardíaco o arranca prematuramente da vida.

1.3 Criação coletiva

O projeto de publicar sua abordagem não concerne somente ao casal fundador, mas motiva todo um círculo de adeptos entusiasmados por essas ideias novas e a possibilidade de contribuir na elaboração de uma obra coletiva: "Pois bem, constituamos um grupo!" declara Paul Goodman cuja talento de escritor é bem-vindo. O núcleo de fiéis que se reúne no domicílio dos Perls será posteriormente chamado "Grupo dos sete", mas alguma imprecisão permanece em relação à composição exata dessa assembleia mítica. Nenhuma dúvida sobre a participação de Elliot Shapiro, professor-pedagogo no hospital psiquiátrico, e de Paul Weisz, médico neurologista praticante do *zen*. Outros personagens aparecem, como o psiquiatra Alison Montaigne, um homem de teatro chamado Peter, acrescidos por Sylvester Eastman, Richard Kitzler e Jim Simkin. Um dos primeiros pacientes de Perls, Isadore From (1919-1994), filósofo apaixonado pela fenomenologia, adere ao grupo e se dedicará em seguida à criação do Instituto de Nova York, depois o de Cleveland (Masquelier-Savatier, 2008, p. 34-37). Sua contribuição é incontestável, tanto por seus talentos de clínico e formador, quanto por sua exigência teórica e sua referência constante aos conceitos expostos na obra fundadora apresentada como "a bíblia" cuja leitura se impõe aos estudantes.

Essa obra coletiva *Gestalt-therapy*, escrita por Perls, Hefferline e Goodman, foi construída a partir da hipótese perlsiana da agressividade necessária ao organismo para dirigir-se rumo ao ambiente. Goodman prolonga essa ideia afirmando o princípio da indissociabilidade organismo/ambiente. Assim o segundo tomo é consagrado ao desenvolvimento da *teoria do self*, graças à noção de ajustamento criativo à fronteira de contato (cf. item 4.1.4, abaixo). Um terceiro autor, Ralph Hefferline, professor da universidade de Columbia, é encarregado de incluir exercícios concebidos por Perls e testados por seus estudantes. Essa participação dá uma garantia universitária a essa obra tripartida. A pedido do editor Arthur Ceppos, essa parte metódica que responde mais à busca de bem-estar, é colocada no primeiro tomo.

Faltava decidir a denominação dessa nova abordagem, o que foi objeto de um verdadeiro conciliábulo. Inicialmente, Fritz, fiel à herança reichiana, queria chamá-la "Terapia da concentração". Laura preferia "Terapia existencial", mas esse qualificativo foi abandonado pois a referência ao existencialismo tinha conotações negativas no contexto cultural da expansão econômica dos Estados Unidos. De seu lado, Hefferline sugeria "Psicoterapia integrativa". Enfim, o grupo dos sete propunha "Terapia experiencial". Fritz vence a eleição ao chamá-la de "Gestalt-terapia", em referência à Gestalt-teoria. A redação se conclui em junho de 1950 e a obra é publicada em 1951. As aventuras desse percurso mostram o quanto a gestação e o nascimento da Gestalt-terapia não se devem a um único líder, mas emanam de uma construção coletiva.

2
Um Caminho integrativo

A Gestalt-terapia nasce na encruzilhada de múltiplas, influências, na efervescência do turbilhão intercultural do início do século XX. O itinerário migratório de seus fundadores marca sua origem. Herdeira rebelde da psicanálise, ela se diferencia pela influência da Gestalt-psicologia, que abre à perspectiva de campo. A Gestalt-terapia se apropria e assimila diversos empréstimos e heranças para forjar sua própria identidade.

2.1 Filha da psicanálise

A Gestalt-terapia se inscreve numa filiação psicanalítica. Fritz e Laura Perls, inicialmente psicanalistas, elaboram seu método próprio.

2.1.1 Desacordo com Sigmund Freud (1856-1939)

A origem do diferendo com Freud ancora-se na concepção do desenvolvimento da criança. Perls inspira-se da relação com o alimento para construir seu modelo de crescimento. Para descrever a evolução dessa necessidade primária, ele apoia-se nos trabalhos de Karl Abraham (1877-1925), discípulo de Freud, que detalha os estádios da oralidade. A partir da noção de introjeção[2], segundo o qual a criança assimila o mundo exterior, Perls afirma que o crescimento impõe a destruição dos introjetos (elementos introjetados na infância), ao passo que para Freud, seria necessário integrar os valores das gerações anteriores.

As etapas do desenvolvimento descritas por Perls se enumeram assim:

- Na etapa *pré-natal*, o feto recebe os elementos nutritivos de que necessita, sem nenhum esforço.
- Na etapa *pré-dental*, o bebê deve respirar e absorver o alimento; é uma necessidade para sobreviver. Nessa etapa da pega do seio, o recém-nascido introjeta integralmente o que lhe é dado. Trata-se de introjeção total.
- Na etapa *incisiva*, os incisivos permitem à criança dissecar o alimento. É a etapa do "mordicante", que reduz em pedaços sua porção para engoli-la. Por medo de destruir e de perder, a agressividade corre o risco de ser inibida ou projetada sobre objetos externos. O seio que se quer guardar intacto deve ser diferenciado do alimento a devorar. Essa etapa corresponde à *introjeção parcial*.
- Na etapa *molar*, a criança pode destruir o que vem do mundo exterior para assimilá-lo. É o momento da "mastigação", etapa última do crescimento. A condição de uma digestão correta é a trituração do alimento e sua fluidificação. Toda *introjeção total* ou *parcial* deve passar pela mó dos molares em vista da *assimilação*. Opera-se uma triagem natural: o organismo conserva os alimentos dos quais necessita e rejeita as matérias inúteis.

---

2. Conceito introduzido em 1909 por S. Ferenczi, psicanalista húngaro (Fierenczi, 2013).

Para Perls como para Freud, a introjeção é necessária. No início, o sujeito aceita totalmente o mundo exterior, ao qual ele se identifica totalmente ou parcialmente. Para Freud, no entanto, a sucessão das etapas da libido (busca do prazer) confronta a criança à ameaça e à castração. A resolução edipiana desse conflito desemboca na constituição do superego. Por meio da identificação com o adulto, a criança integra a lei e as regras sociais.

Segundo Perls, "a introjeção corresponde à preservação da estrutura das coisas absorvidas, enquanto o organismo pede a destruição delas" (Perls, 1978). Ele convida, assim, a insurgir-se contra o conservadorismo e o dogmatismo da teoria psicanalítica para liberar o potencial criativo do indivíduo.

O desacordo repousa sobre a noção de agressividade. A etimologia latina do termo *ad-gredere* significa "ir rumo", no sentido alargado de "entrar em contato". A agressividade, sã e vital, impulsiona ao encontro do outro e do mundo. A evolução da espécie o demonstra assim como as observações etológicas. A "violência fundamental" (Bergeret, 1984) é um elã vital que não se assimila à pulsão de morte, mesmo que implique um conflito de geração. Assim, o modelo freudiano apoia-se sobre a gestão do desejo e da repressão para explicar a identificação com o adulto, enquanto o modelo perlsiano parte da necessidade e da satisfação para valorizar uma sã agressividade. No desenrolar da psicoterapia, a consciência das introjeções herdadas da história passada conduz a escolher e a construir seu próprio futuro.

2.1.2 A influência direta de Wilhelm Reich (1897-1957)

Esse jovem discípulo de Freud distingue-se rapidamente de seu mestre. Sua obra fundadora *A Função do orgasmo* (1927), atribui a origem da neurose a perturbações da satisfação sexual engendradas pela repressão social. Se para Freud a pulsão sexual chamada "libido" engloba toda busca de prazer, Reich atém-se ao sentido próprio da sexualidade e centra-se na genitalidade. Ele desenvolve a noção de "couraça caracterial", que se forja em reação às pressões morais, insufladas pela sociedade burguesa e patriarcal a ameaçar a satisfação das pulsões. As tensões corporais resultantes da repressão das pulsões formam uma "couraça muscular". Trata-se então de tornar flexível essa armadura rígida para liberar a energia física e emocional. O espírito libertário de Reich marca Perls, que se tornou seu paciente em Berlin, e depois Goodman, que o encontrou em solo americano. Dez anos depois da morte de Reich, suas ideias são difundidas no movimento revolucionário que agita os Estados Unidos e depois a Europa nos anos 1970.

Esse posicionamento manifesta-se na postura terapêutica, uma vez que Reich, impaciente para provocar uma mudança, sai da reserva analítica para implicar-se, por vezes fisicamente, no contato com o paciente. As duas principais correntes que reivindicam a herança reichiana são a Gestalt-terapia e, mais diretamente, a bioenergética de Alexander Lowen (1910-2008).[3] O parentesco entre essas abordagens reside principalmente no acento posto sobre a expressão do corpo e das emoções. No entanto, algumas diferenças devem ser notadas (Corbeil, 1994; Masquelier-Savatier, 2000):

- O tratamento das resistências: em Gestalt-terapia, não se trata de atacar a couraça, mas de acompanhar a resistência considerada sadia e útil em dado momento.

---

3. Abordagens neoreichianas: a vegeto-terapia, o grito primal e o *rebirth*.

- O trabalho emocional: o Gestalt-terapeuta não busca provocar uma descarga emocional, mas acolhe a emoção emergente.
- A concepção de meio ambiente: a tendência reichiana reforça o dualismo entre o interno e o externo, o indivíduo naturalmente bom e a sociedade má, enquanto a Gestalt-terapia preconiza a unidade organismo/ambiente. Paul Goodman propõe uma via criativa entre a submissão imputada a Freud e a revolta preconizada por Reich.
- A intervenção terapêutica: na bioenergética, o analista age como *expert* que aplica uma leitura do corpo, dá uma direção e propõe estratégias. Para o Gestalt-terapeuta, a consciência desperta numa copresença, o trabalho é uma coconstrução.

Em conclusão, o impacto de Reich sobre a Gestalt-terapia consiste em levar em conta o corpo e o tratamento da emoção. Mas a visada gestáltica, que acompanha aquilo que emerge, é menos intervencionista do que a tendência reichiana que usa técnicas corporais.

2.1.3 *Inovações de Otto Rank (1884-1939)*

Discípulo de Freud, esse psicanalista vienense assina com Sándor Ferenczi, em 1924, *Perspectiva da psicanálise,* obra renovadora da prática analítica. A dissidência com Freud já estava iniciada nessa época, com a aparição, no mesmo ano de 1924, de *O trauma do nascimento.* Nesse texto, Rank afirma que o verdadeiro trauma seria o parto da criança, que prefigura todas as separações ulteriores. Em consequência, ele minora a importância do complexo de Édipo, para valorizar a precocidade das relações com o meio ambiente maternal. Essa sensibilidade conduz os dois colegas, Rank e Ferenczi, a orientar-se na direção de uma "terapia ativa", tratando o paciente maternalmente para facilitar a regressão, o que leva a afirmar sobre eles que desenvolvem uma psicologia da mãe, ao passo que Freud formula uma psicologia do pai.

Levado a emigrar, como tantos outros, Rank tem um início de carreira fulgurante nos Estados Unidos, mas sua divergência o expõe a uma trama orquestrada pelos tenores da instituição psicanalítica, que conduz a sua exclusão. Tornando-se independente, ele desenvolve seu próprio estilo, põe em questão o quadro psicanalítico, preconizando outros tratamentos curtos e implicando-se na relação. Ao invés de orientar o paciente para o passado, ele o chama à situação presente para mobilizar seu desejo de cura. Para Rank, o terapeuta pode fazer tudo o que ele estima ser pertinente, à condição de responsabilizar-se por aquilo que ele ativou em seu cliente. Sua fórmula "aqui e agora", adotada pelos gestálticos, dá importância ao presente, ao novo, ao querido. Rank preconiza um método em que importa mais o que ocorre na relação terapêutica do que a história passada do paciente. Ele insiste sobre a singularidade de cada caso clínico e sobre a elaboração de um tratamento apropriado a cada um.

Enfim, a originalidade de Rank consiste em considerar o terapeuta como um artista e o processo terapêutico como uma criação (Rank, 1984). Perls e Goodman extraíram daí as premissas do ajustamento criativo. O impacto desse pioneiro está onipresente na elaboração da Gestalt-terapia.

2.2 Da Gestalt-psicologia à Gestalt-terapia

A palavra "Gestalt" é o substantivo do verbo alemão *gestalten* que se traduz por: ganhar forma, criar-se, organizar-se... A Gestalt significa: a forma, a figura, a estrutura. No momento de batizar essa nova abordagem, a escolha do nome "Gestalt" é um modo de estabelecer a referência à Gestalt-psicologia, que marca não somente a origem do caminho que reuniu Fritz e Laura, mas sobretudo funda a diferença desta com a psicanálise. A Gestalt-terapia encontra-se na filiação direta da Gestalt-psicologia ou "Psicologia da forma", inscrita no coração da efervescência filosófica dos países germânicos desde o fim do século XIX e ainda influente no pensamento ocidental atual.

2.2.1 A questão da percepção

O estudo da percepção mobiliza as investigações no entorno de uma célebre escola austríaca, a Escola de Graz (em torno de 1912) de onde emanam vários núcleos, como Berlin e Frankfurt. Essa questão levanta o problema da parte respectiva do fisiológico e do psicológico na apreensão do mundo. Wundt (1832-1920), precursor da Gestalt-teoria, considerado como o primeiro psicólogo, põe em dúvida o procedimento introspectivo e busca elaborar uma ciência do vivido, a partir de observações e experimentações. Na mesma época, a obra de Brentano (1838-1917) revela-se decisiva, na confluência das contribuições da Gestalt-teoria e da fenomenologia. Duas tendências opõem-se a propósito da percepção:

A tendência associacionista e elementarista, pensamento científico para o qual a percepção parte dos detalhes rumo a uma visão de conjunto. O fato de que a paisagem seja percebida como um todo, vem da capacidade fisiológica de associar (associacionismo) e de organizar os elementos entre si (elementarismo). A síntese se produz graças à integração no cérebro.

A *tendência Gestalt-teórica* formula a hipótese inversa: a paisagem é unificada, não pelo resultado de operações elementares, mas por um princípio primeiro que age no instante mesmo da percepção. Esse princípio unitário é chamado de "forma" ou "Gestalt". Essa unidade não poderia ser o produto de associações cerebrais, mas o de um ato psicológico que produz a visão unificada da paisagem.

No coração desse confronto entre duas tendências, Brentano, à procura de um princípio unitário prevalente na percepção, distingue a forma do fundo: o *fundo* seria o produto de uma organização cerebral que associa os elementos diversos num todo unificado. Essa organização age como um receptáculo passivo que não tem em conta a atividade do sujeito no ato perceptivo. A *forma* seria o próprio da atividade do sujeito que percebe: estruturante e não estruturada. A percepção organiza o fundo a partir da ação mobilizadora da forma. A figura, que se destaca do fundo, não existe independentemente dele. A discriminação da figura pertence ao sujeito. A origem da forma deve ser buscada na consciência do sujeito percipiente, ela transcende o objeto percebido.

A partir de Brentano, a percepção funda-se sobre uma psicologia da consciência. Entre seus estudantes encontram-se, concomitantemente, Christian Von Ehrenfels (1859-1932) e Carl Stumpf (1848-1936), engajados nas investigações inovadoras da Gestalt-teoria, e Edmund Husserl (1859-1938), considerado como o pai da fenomenologia.

2.2.2 Princípio fundamental e leis da percepção

Ehrenfels parte da percepção do triângulo para demonstrar a constância da forma. Com efeito, a configuração triangular persiste seja qual for o cumprimento respectivo de cada lado e a abertura angular das pontas. A forma que aparece não é decomponível em elementos. Essa lei de constância é essencial. Por exemplo, na escuta de um trecho de música, é a forma global da melodia que conta e não a justaposição das notas; a melodia se reconhece mesmo transposta numa outra tonalidade. A percepção passa pelo reconhecimento da globalidade e não por uma adição de detalhes. O princípio fundamental enunciado por Ehrenfels é o da unidade: "O todo é uma realidade diferente da soma de suas partes", completado pelo princípio da pregnância, tendência espontânea a perceber e a orientar-se para "boas formas", num modo otimizado da adaptação ao meio ambiente. A qualidade da forma facilita o destaque da figura contra o fundo.

Esses trabalhos marcam o início de uma série de investigações na Alemanha, dentro da corrente fecunda da Gestalt-teoria. Os principais representantes que fundam a escola de Berlin são Wolfgang Köhler (1887-1967), Kurt Koffka (1886-1941) e Max Wertheimer (1880-1943). Segundo essa escola, a organização perceptiva apoia-se sobre sete itens, chamados de leis de Wertheimer:
- a proximidade: elementos tendem a agrupar-se e organizar-se (por exemplo, um pomar);
- a similitude: tendência a agrupar elementos semelhantes (as árvores frutíferas);
- a continuidade: configuração dos elementos (dispersão);
- a simetria: as figuras simétricas ou geométricas são percebidas mais espontaneamente que as outras (pomar plantado em linhas ou de maneira equidistante);

- o fechamento: tendência a completar a figura para obter uma forma fechada (ver o pomar como um todo, mesmo se faltam algumas árvores);
- a orientação: os elementos são reunidos numa finalidade comum (essas árvores dispersas constituem um pomar);
- o destino comum: o conjunto dos elementos é submetido às mesmas pressões externas (as intempéries).

Assim, a atividade perceptiva transforma os fatos objetivos, fenômeno que se manifesta nas ilusões de ótica e nas figuras reversíveis. Um aspecto determinante é o condicionamento da experiência atual pelas experiências passadas. Os hábitos, as crenças, o meio sociocultural. O componente afetivo e a percepção influenciam mutuamente, por exemplo, a sede nos impulsiona a ver a água e, reciprocamente, a visão da água atiça a sede. Essas descobertas sobre a percepção, colocando sujeito e objeto numa relação dialética, inauguram uma mudança de paradigma, que vem abalar a tendência científica da época.

A ascensão do nazismo entre as duas guerras mundiais provoca a fuga de cérebros para o Novo Mundo. Köhler, Koffka, Wertheimer continuam suas investigações nos Estados Unidos. Esses últimos irão se opor ao fato de que Perls e Goodman se apropriem do conceito de "Gestalt" e o desviem de seu sentido inicial para adaptá-lo à psicoterapia.

2.2.3 Conceitos pertinentes em Gestalt-terapia

(A) *O campo psicológico.* – Kurt Lewin (1890-1947), célebre herdeiro da Gestalt-psicologia, emigra para os Estados Unidos em 1932. Ao cair de paraquedas numa sociedade multicultural, torna-se o pioneiro da psicologia social, que tenta articular a dimensão individual com a dimensão coletiva. Fiel ao princípio de unidade, segundo o qual "o todo é superior à soma das partes", ele extrapola essa ideia para o campo psicológico e para a dinâmica de grupo.

O *campo psicológico* designa o conjunto dos fatos existentes e determina a conduta de uma pessoa num momento preciso. Esse campo não se limita à pessoa, mas engloba seu *espaço de vida,* integrando tudo o que influencia diretamente ou indiretamente o comportamento individual. A indissociabilidade organismo/ambiente da Gestalt-terapia parece diretamente inspirada desse conceito.

A *dinâmica de grupo* aplica o princípio de unidade ao grupo que não se reduz à simples adição de seus membros. A configuração grupal cria um movimento, uma história, modalidades particulares de funcionamento. Lewin estabelece condições de laboratório para estudar a dinâmica dos grupos. Deixando o processo desenrolar-se sem intervenção diretiva, ele coloca em evidência os fenômenos de poder e de liderança. Hoje, esses estudos permanecem uma referência na pedagogia e na gestão das organizações coletivas.

(B) *A Gestalt inacabada.* – A noção de "Gestalt inacabada" destaca-se dos trabalhos de uma aluna de Lewin, Bluma Zeigarnik (1901-1988). Essa Gestalt-psicóloga russa constata, a propósito de investigações sobre a memória, que uma tarefa inacabada preocupa mais do que uma obra plenamente realizada (1927). As crianças recordam-se mais do enigma a resolver do que do problema resolvido. A tensão rumo à obtenção de uma "boa forma" mantém em suspenso e mobiliza um trabalho.

Perls inspira-se desse princípio de Gestalt inacabada para formular a hipótese da etiologia da neurose, consequência da interrupção do ciclo de satisfação das necessidades: a ocorrência de um evento traumático interrompe o desenrolar da experiência, ou um ambiente debilitante mantém o sujeito numa expectativa que freia ou bloqueia o processo. Num movimento circular, o neurótico torna-se aquele que se dedica "de maneira crônica à auto-interrupção" (Perls, 1972). Essa teoria da Gestalt inacabada, concedendo importância à história passada nas perturbações presentes, aproxima-se do princípio de repetição freudiano, segundo o qual o sujeito tem tendência a reproduzir as situações de sofrimento. A evolução contemporânea da Gestalt-terapia interessa-se mais pela fixação da Gestalt do que por seu inacabamento, visando à reativação do movimento mais do que à explicação causal do sintoma.

(C) *O holismo.* – Esse conceito, cuja etimologia grega significa o todo ou a inteireza, é proposto pelo filósofo Jan Smuts (1870-1950) para dar conta da tendência humana de reunir-se e formar uma totalidade em equilíbrio movente. Esse personagem marcou a história da África do Sul[4], onde ele é Primeiro ministro durante a Segunda Guerra mundial (1939-1948), na época em que o casal Perls aí reside. Sua obra *Holismo e evolução*, publicada em 1926, é aconselhada aos estudantes de Kurt Goldstein (1878-1965), neurologista alemão que aplica esse princípio de unidade ao funcionamento do organismo. Ao constatar as capacidades surpreendentes de ex-combatentes gravemente feridos, vítimas de lesões cerebrais, esse médico desenvolve a

---

4. J. Smuts participa ativamente da criação da ONU.

noção de autorregulação. Ele considera assim a globalidade da experiência da enfermidade e refuta a dicotomia entre o biológico e o psíquico, bem como entre o normal e o patológico. Sua obra, *A Estrutura do organismo*, é publicada nos Estados Unidos em 1934. Essa confirmação da correlação entre a experiência sensível e o funcionamento cerebral antecipa as descobertas contemporâneas das neurociências. O casal Perls extrai desse ensinamento inovador uma linha diretriz para a elaboração da Gestalt-terapia.

2.3 Perspectiva de campo

Uma outra etapa na elaboração da Gestalt-terapia é a integração da perspectiva de campo impulsionada por Kurt Lewin.

2.3.1 *O campo de Lewin*

O modelo do campo magnético aplicado ao campo psicológico permite "cessar de pensar em termos de partículas para pensar em termos de campo de energia no qual as forças se desenvolvem e agem no interior de uma matriz" (Marrow, 1972). A analogia com o campo magnético se justifica pelos movimentos de atração e de repulsão criados pelos objetos do ambiente físico e social. Para Lewin, "o campo é o ambiente psicológico total experimentado subjetivamente por uma pessoa" (Marrow, 1972). Dois aspectos aparecem: de uma parte, uma realidade objetiva, física e cultural, exterior à pessoa; de outra parte, uma atividade mental da pessoa que cria sua própria realidade subjetiva.

Trata-se de campo fenomenal irredutível aos dados objetivos que o constituem e indissociável da pessoa que o organiza. Esse conceito aparece em toda sua complexidade, englobando ao mesmo tempo fatos objetiváveis, tais como reações e interações, bem como movimentos mais sutis, concernindo à subjetividade e à intersubjetividade.

Essa teoria do campo precede a teoria geral dos sistemas (Bertalanffy, 1973), mas uma e outra bebem da fonte da Gestalt-teoria. O campo, como o sistema, consiste num "conjunto dinâmico constituído de certo número de partes; essa totalidade é diferente da soma das partes que a constituem" (Marrow, 1972). O conceito de *campo* inspira a Gestalt-terapia, o de *sistema* estrutura a abordagem sistêmica. No entanto, a postura do [terapeuta] prático se diferencia: o Gestalt-terapeuta, atento ao processo, é sensível à experiência vivida na fronteira entre o eu e o não eu, numa coafetação, ao passo que o terapeuta sistêmico privilegia a comunicação e a interação entre dois organismos diferenciados.

2.3.2 Cinco princípios da teoria de campo

A descrição de cinco princípios diretamente aplicáveis à situação terapêutica esclarece muito a noção de campo (Parlett, 1999).

Primeiro princípio: organização. – O sentido de um comportamento provém da consideração da totalidade dos fatos coexistentes numa situação. Segundo Lewin, "a significação de um simples fato depende e sua posição no campo; [...] as diferentes partes do campo estão em interdependência recíproca"[5]. Assim, o objeto não tem propriedades permanentes, ele se define segundo a configuração.

---

5. Essa citação de Lewin e as que seguem foram retiradas do artigo de M. Parlett (1999).

Segundo princípio: contemporaneidade. – O comportamento condensa a atualidade das influências no campo. Lewin observa que a situação presente compreende ao mesmo tempo o *passado-recordado-agora* e o *futuro-antecipado-agora*. Assim, "o passado psicológico e o futuro psicológico são, simultaneamente, partes do campo psicológico em dado momento. A perspectiva temporal muda continuamente".

Terceiro princípio: singularidade. – Toda generalização é vã: as significações devem ser construídas de maneira singular. Num grupo, cada um vive diferentemente a mesma situação. Não há campo comum, nem experiência comum. Como recorda-o Lewin, estamos relacionados a "uma multidão de fatores independentes e coexistentes".

Quarto princípio: processo de mudança. – O campo sofre mudanças contínuas. Segundo o filósofo americano William James: "É evidente e tangível que nosso estado de espírito jamais é o mesmo. Quando um fator idêntico se reproduz, devemos pensá-lo de modo novo, examiná-lo sob outro ângulo, apreendê-lo em relações diferentes do caso anterior" (James, 1946). A mesma pessoa pode ter uma versão diferente de sua própria história a depender do momento em que e a quem a narra. A experiência é provisória, ela se constrói de instante em instante.

Quinto princípio: relação pertinente. – Nada deve ser excluído, cada elemento da situação contribui de maneira significativa ou potencialmente significativa para sua organização. Os automatismos invisíveis merecem tanta consideração como as figuras pregnantes. Dar atenção a cada detalhe "seria um exercício sem fim e inútil, inspirado numa concepção estática do campo", ao contrário, "mais do que possuir uma informação exaustiva do campo, trata-se de estar atento ao que é pertinente ou interessante, quer isso seja momentâneo ou não. Isso permitirá ver como o campo está organizado naquele momento" (Parlett, 1999).

Este último princípio conduz a levar em conta a presença do observador ou do psicoterapeuta e sua influência sobre o desenrolar do processo. Toda presença, mesmo silenciosa e invisível, tem um impacto. O terapeuta faz parte da experiência do paciente, ele se inscreve no campo perceptivo deste. A implicação do terapeuta constitui um dado que diferencia profundamente a postura do Gestalt-terapeuta daquela do psicanalista.

2.3.3 Unidade do campo organismo/ambiente.

O indivíduo influencia seu entorno ao mesmo tempo que é influenciado; afetado e afetante, ele é indissociável de seu meio ambiente. Essa concepção unitária do "campo organismo/ambiente" vem impactar a concepção tradicional do sujeito. A visão gestáltica põe o acento sobre a maneira singular de cada um ser no mundo e de contactar esse mundo, abrindo uma possibilidade fecunda de movimentos e de ajustamentos da fronteira de contato, num vai-e-vem contínuo entre o interno e o externo, entre o eu e o não eu.

No coração mesmo desse processo, pressente-se a transição entre a herança psicanalítica e a originalidade da perspectiva de campo. Perls, de formação médica e psicanalítica, encontra-se marcado por uma visão intrapsíquica. Num elã inovador, ele funda as premissas da Gestalt-terapia, ao definir o contato com o ambiente como um componente essencial do desenvolvimento. Sua concepção do contato é dinâmica, é um *ir em direção e tomar*, movimento que parte do organismo e vai na direção do ambiente. O lugar dado à agressividade no ajustamento ao mundo e no processo de crescimento é o ponto de partida da identidade da Gestalt-terapia. Por essa primeira demarcação, Perls se distingue de seus pais, mas não introduz ruptura epistemológica na lógica do pensamento.

A verdadeira mudança de paradigma se produz em torno da redação de *Gestalt-terapia*. O encontro com Goodman, nutrido pelo estímulo intelectual do círculo de êmulos constituído ao redor do trio fundador, permite à Gestalt-terapia transpor uma nova etapa. O tom é dado desde a primeira página: "O contato é a realidade primeira mais simples" (Perls, Hefferline & Goodman, 2001, p. 49). O órgão que permite esses intercâmbios é simbolizado pela noção de fronteira de contato (cf. item 4.1.3, abaixo). O ajustamento criativo torna-se um duplo movimento permanente numa visão transformadora de si pelo mundo e do mundo por si. O campo organismo/ambiente forma um todo indissociável.

Assim, a primeira etapa de elaboração da Gestalt-terapia, ao partir da condição prévia da diferenciação organismo/ambiente, continua a dar maior importância aos dados intrapsíquicos, frutos da história individual. A etapa ulterior, considerando a indissociabilidade organismo/ambiente privilegia os efeitos de campo. Sem ser antinômicas, essas duas concepções não são redutíveis uma à outra. A perspectiva de campo alarga o olhar, engloba a dimensão intrapsíquica. O fenômeno atual inclui simultaneamente a resultante do passado e a projeção no futuro. As preocupações e tribulações do mundo interior condicionam o desenrolar do contato com o mundo exterior.

3
Fundamentos filosóficos

Toda abordagem psicoterapêutica enraíza-se numa visão do indivíduo. Os desenvolvimentos de Perls e Goodman, ao insistirem sobre a relação organismo/ambiente, inscrevem-se simultaneamente numa abordagem fenomenológica articulada à Gestalt-psicologia; e no pragmatismo, corrente filosófica marcante nos Estados Unidos, quando do nascimento da Gestalt--terapia. Fenomenologia e pragmatismo concentram-se sobre a experiência que dá acesso ao mundo: observar e sentir o que emerge, o que ocorre e como isso ocorre. O existencialismo persegue essa abertura ao abordar a angústia existencial, e formula as questões da liberdade, da responsabilidade e da finalidade da existência humana. As afinidades com as tradições espirituais orientais são evidenciadas pela acolhida das sensações e pelo convite ao desapego, no aqui-e-agora.

3.1 A fenomenologia

A Gestalt-teoria inspira-se da fenomenologia. Essas abordagens desenvolvem-se conjuntamente nas mesmas paisagens. Suas contribuições fecundam-se mutuamente.

3.1.1 Postulados

A etimologia grega traduz a palavra "fenomenologia" por "conhecimento do que aparece". Alguns postulados servem de base para a Gestalt-terapia:

- *Consciência e experiência:* o único acesso ao mundo é a consciência inseparável da experiência em constante movimento.
- *Indissociabilidade Eu/mundo:* a realidade do mundo em si não existe, ela resultaria de uma construção pessoal e subjetiva. Sujeito e mundo são indissociáveis.

3.1.2 Alguns fenomenólogos

Na efervescência filosófica que anima a Alemanha do século XIX, opera-se uma ruptura com a ideia de conhecimento absoluto. Com a publicação em 1807 da *Fenomenologia do espírito*, Hegel, por meio da dialética, supera a oposição entre sujeito e objeto. Brentano (1838-1917) formula o conceito de *intencionalidade* da consciência: "Toda consciência é consciência de alguma coisa". Essa noção é desenvolvida por Husserl (1859-1938) para quem consciência e mundo encontram-se em recíproca abertura. Essa forma de conhecimento implica a *posta entre parênteses* de todo julgamento, para apreender unicamente o fenômeno, o retorno à coisa mesma, graças à redução fenomenológica ou *epoché*. Uma virada opera-se com Husserl, pois a definição da consciência passa da ideia de um receptáculo continente, àquela de um "ato pelo qual um sujeito e um objeto se constituem. Sujeito e mundo não são mais distintos, eles são relativos à consciência" (Blanquet, 2012, p. 12).

O francês Merleau-Ponty (1908-1961) prolonga essa visão que abandona o dualismo entre sujeito e objeto, entre o olho que percebe e a coisa percebida (Merleau-Ponty, 1945). O indivíduo não se mantém diante do mundo, mas este constitui a sua carne. A experiência corporal sustenta a presença ao mundo, a consciência é encarnada: "A união da alma e do corpo não é selada por um decreto arbitrário entre dois termos exteriores, um o objeto, outro o sujeito. Ela realiza-se a cada instante no movimento da existência" (Merleau-Ponty, 1945).

Para Heidegger (1889-1976), o caminho fenomenológico revela-se como único método para abrir a questão do sentido do ser: "Não há natureza humana, o próprio ser do indivíduo é seu existir" (Blanquet, 2012, p. 51). Esse filósofo insiste a respeito do *Dasein*, o "ser-aí" na dupla dimensão: espaço e tempo. Esse *Dasein* é empréstimo do passado fugidio, e é impelido por um *ex-sistir*, que abre para sair, para ir rumo ao outro, ao mundo, à continuação... Ocorre que o pensamento fenomenológico se aproxima de certas posições pré-socráticas estipulando que, feito de energia e de afeto, o ser está em processo de constituir-se, o que se aproxima igualmente de certas concepções orientais.

Essas orientações influenciam o psiquiatra-psicanalista Ludwig Binswanger (1881-1966), que se afasta de uma visão objetificante da patologia, ao abrir a questão do sentido do sofrimento. Ele funda seu próprio método: a *Dasein-analyse*, traduzida por análise existencial, centrada sobre a experiência subjetiva da enfermidade. A fenomenologia marcou toda uma corrente da psiquiatria representada, na Alemanha, pelo departamento de psicopatologia da universidade de Heidelberg[6] e, na França, pela Escola de Marselha[7]. A patologia da psicose é vista como a

---
6. Nesta escola: Blankenburg, Gadamer, Uexhüll, Von Weizäcker.
7. Fundada por A. Tatossian.

perda da evidência natural e a inscrição numa patologia como privação de liberdade. A Gestalt-terapia, para quem a saúde é a capacidade de ajustar-se à novidade por meio da criação de novas formas, adere a essa visão.

3.1.3 Atitude fenomenológica

"Adotar uma posição fenomenológica consiste em aceitar que o único acesso que tenho ao mundo é o ato de ser consciente. Dito de outro modo, o que é primeiro é a experiência, o fato de ser consciente de alguma coisa, consciência e mundo sendo indissociáveis" (Blaize, 2001). Tal como "uma fenomenologia aplicada" (From & Miller, 1994), a postura organiza-se assim:

- O acento é colocado no *presente* "daquilo que aparece" a cada instante. Aquilo que se revela precisamente, em dado momento, já não o é mais no instante seguinte. O olhar repousa sobre o processo e não sobre o objeto da experiência. No *aqui-e-agora* da sessão terapêutica, condensam-se o passado e o porvir.
- A consideração "daquilo que aparece" não necessita de explicação causal. O *porquê* é vão, somente o *como* é fecundo. A atenção incide sobre o processo mais do que sobre o conteúdo. Destacar o que ocorre por ocasião do relato importa mais do que a cronologia da história passada ou a veracidade dos eventos traumáticos.
- A colocação entre parênteses dos pressupostos é necessária para acolher "aquilo que aparece". Essa atitude incita o terapeuta a suspender todo juízo, para acolher a pessoa tal como ela é, encontrá-la onde ela está, sem expectativa particular.

- O sentido "daquilo que aparece" não existe antes da experiência, mas se constrói na situação: esse vivido surge aí, nesse momento, na singularidade desse encontro. A intencionalidade manifesta-se no *para quê* ou *em direção a quê*. O sentido constrói-se em comum na explicitação mais do que na explicação ou interpretação.

Enfim, a postura fenomenológica abre à novidade e à incerteza. Não há verdade em si. Ora, grande é a tentação de curvar-se sobre o que já é conhecido, ao invés de ir rumo ao desconforto. Interrogar-se sobre sua relação com o mundo e sobre sua identidade fundam a atitude fenomenológica, a contrapelo de uma propensão natural que se apressa em responder "Eu sou aquele que sabe...". Sócrates já afirmava: "tudo o que sei é que nada sei", essa é a única certeza que se deveria esquecer "esquecendo inclusive que Eu nada sei" (Bonnasse, 2011). Essa inversão de perspectiva implica um deslocamento do sujeito que não se encontra mais no centro do conhecimento. Essa atitude fenomenológica traduz-se por uma postura de humildade resumida na fórmula de Jacques Blaize: "não mais saber" (Blaize, 2001).

3.2 O pragmatismo

O rio cultural no qual emerge a Gestalt-terapia é o pragmatismo, corrente filosófica americana que põe o acento sobre a experiência. Paulo Goodman declara no fim de sua vida: "Tudo o que escrevi é pragmático" (Lee, 2011).

3.2.1 *Bases*

Esta filosofia interessa-se pela relação do indivíduo com o ambiente. A etimologia grega *pragma* remete ao "fato".

Interessando-se pelo fato resultante da ação, ela renuncia à intenção de uma verdade absoluta intrínseca. Ela se liga à experiência sensível, mais do que ao pensamento e à linguagem. Oposta ao positivismo como à metafísica, essa abordagem centra-se mais sobre os efeitos e as consequências dos fenômenos do que sobre suas causas.

3.2.2 Alguns atores

Entre os ancestrais desse movimento, Ralph Emerson (1803-1882) e Henri David Thoreau (1817-1862) recusam o conformismo que, segundo eles, se opõe ao espírito democrático. A posição desses precursores contém os germes do anarquismo de Paul Goodman, em busca de coerência entre sua vida e seus valores: "é preferível dizer o que se faz a buscar fazer o que se diz".

No fim do século XIX, o pragmatismo inscreve-se como um método descrito por Charles Peirce (1839-1914): "Deve-se ser capaz de considerar quais são os efeitos práticos que nós pensamos que os objetos de nossa concepção podem produzir. A concepção de todos esses efeitos é a concepção completa do objeto" (Pierce, 1878/1879). No coração do pragmatismo, mais do que opor natureza e cultura, reina a ideia de estabelecer uma relação entre o indivíduo e o mundo, ancorada na experiência de cada um. A verdade não existe em si, mas as ideias validam-se pela experiência.

Entre os atores dessa abordagem, George Mead (1863-1931) faz do desenvolvimento de si uma questão social. São os processos sociais que influenciam a experiência individual e não o inverso. Experiência e consciência resultam da interação. Mais conhecido nessa linhagem, William James (1842-1910) funda a experiência na consciência corporal e emocional. Ele concorda com Dewey para valorizar as flutuações e o *continuum* da experiência como modo de acesso ao mundo. A contribuição específica de John Dewey (1859-1952) prolonga essa visão, estendendo-a ao domínio da educação e da política numa filosofia do "viver em comum". As dimensões sociais e individuais estão em constante interferência.

3.2.3 A posição pragmática

O pragmatismo é uma fonte central da Gestalt-terapia (Béja, 2010). Diferentes contribuições devem ser sublinhadas:

A indissociabilidade organismo/ambiente. – Considerar a relação entre o indivíduo e seu ambiente como um todo comporta uma dimensão social. Em consequência, a presença do indivíduo ao mundo tem um alcance político: visto que ele não pode excluir-se, encontra-se engajado.

A primazia da experiência. – O conhecimento passa pela experiência: "Nossas ideias, que aliás também fazem parte de nossa experiência e nada são fora desta, tornam-se verdadeiras à medida que nos ajudam a entrar em relação, de maneira satisfatória, com outras partes de nossa experiência" (James, 1968).

Na Gestalt-terapia, a experiência é considerada em seu duplo sentido, o do vivido e o da experimentação. Viver uma experiência é uma aventura que abre ao desconhecido, ao passo que a experimentação supõe uma intenção, seja a de validar uma hipótese, seja a de tentar algo sem pré-julgar o resultado. Todo processo de aprendizagem articula essas diferentes modalidades.

A posição pragmática, insistindo no *continuum* da experiência, abre a possibilidade de considerar as situações problemáticas como novas e de inventar modalidades de ação. De maneira mais ampla, essa corrente introduz uma percepção otimista do crescimento e da educação que se propaga em toda psicologia humanista nascida no mesmo fundo cultural. Essa influência é igualmente sensível nas teorias da comunicação que se desenvolvem na mesma época em torno de Palo Alto, valorizando a dimensão sistêmica e primazia das interações sociais (Picard & Marc, 2020).

3.3 O existencialismo

O existencialismo inaugura um questionamento sobre o status ontológico do indivíduo. Essa reflexão vem questionar "a reificação do material humano que representa a herança do 'cientismo' triunfalista prevalente desde meados do século XIX. Uma nova ideia está no ar, uma escola de pensamento faz-se porta-voz de outra visão de indivíduo enquanto ser consciente, autônomo, capaz de escolha, parcialmente libre e, portanto, responsável" (Salathé, 1992, p. 7). A Gestalt-terapia está marcada por essa referência à terapia existencial, à qual Laura Perls aderia particularmente: "Os conceitos fundamentais da psicoterapia gestáltica são mais de ordem filosófica e estética do que técnica. Trata-se de uma abordagem existencial-fenomenológica que, por essa razão, é experiencial e experimental" (Perls, 2001). Nessa esteira, o Gestalt-terapeuta francês Noël Salathé (1929-2012) define a Gestalt como "a antena terapêutica do existencialismo" (Salathé, 1993).

3.3.1 *De homens e de ideias*

Diversas personalidades reunidas sob a bandeira do existencialismo partilham um espírito crítico que denuncia a normatividade para valorizar a singularidade e a liberdade humana. Na testa desse movimento, Jean-Paul Sartre (1905-1980) afirma em seu manifesto *O existencialismo é um humanismo:* "O indivíduo nada é senão o que ele se faz. Tal é o primeiro princípio do existencialismo" (Sartre, 1968). Sartre valoriza a ação e o engajamento, na possibilidade de escolher sua vida, acusando a psicanálise de fechar o indivíduo num determinismo passadista. Para os filósofos da existência, o indivíduo tem necessidade de uma impulsão para sair da quietude e tomar consciência de sua existência. Kierkegaard (1813-1855) vê na angústia o sinal da liberdade; para Albert Camus (1913-1960) a confrontação ao absurdo convoca o sentimento de existir. Outros filósofos abordam a dimensão espiritual, como o cristão Gabriel Marcel (1889-1973) para quem o modo do "ser" oferece um recolhimento que abre à oblatividade e à espiritualidade. Enfim, Martin Buber (1878-1965), deplorando a exacerbação de certas visões de mundo, propõe valores humanos de mútua escuta. A psicologia humanista e muito particularmente a Gestalt-terapia adotam essa atitude dialogal.

3.3.2 A angústia existencial

O simples fato de ser no mundo é gerador de tormentos. Essa angústia inerente à condição humana toma uma forma neurótica ou patológica se o meio ambiente não sustenta o indivíduo nessa vivência angustiante. A angústia existencial é incontornável, mas age como um aguilhão estimulante.

Diversas teorias psicológicas se dedicam a dar sentido à angústia. Em Freud, resultante de um conflito entre a pulsão sexual e a repressão, essa angústia se converte em sintomas incapacitantes. Sua natureza varia a cada etapa do desenvolvimento da criança: angústia de castração, angústia edipiana... Entre os sucessores, os teóricos das relações de objeto[8], relativizando o édipo para interessar-se à precocidade das relações com o ambiente parental, detalham outras formas de angústia: fragmentação, devoração, perseguição, perda, abandono... Essas diferentes teorias buscam uma explicação para a angústia, ao passo que a angústia evocada pelos existencialistas não se explica, ela faz parte integrante da condição humana.

O instinto de vida manifestado na sexualidade e na agressividade é então uma resposta sadia à angústia básica. Assim, Karen Horney (1885-1952) situa a origem da neurose de angústia na agressividade reprimida. Erich Fromm (1900-1980), promotor da psicanálise existencial, desenvolve a ideia de um conflito entre a necessidade de independência e a necessidade de aprovação. Otto Rank distingue "a ansiedade de vida" sentida no movimento que impulsiona para o mundo ao preço da separação, da "ansiedade de morte", provada na sensação de asfixia ligada à confusão fusional. O ser humano oscila entre dois polos: o apego assegurador do pertencimento e o elã que impulsiona para a autonomia. Esse esgarçamento exprime-se igualmente em termos de oposição entre o passado assegurador e um futuro inquietante. A existência submete todo ser a esses dois tipos de angústia. No caminho terapêutico, não se trata de evitar a angústia, mas de atravessá-la. Assim, o momento de crise revela-se mobilizador.

---

8. Escola inglesa: D. Winnicott, M. Klein, R. Spitz, M. Balint, J. Bowlby, R. Fairbairn.

3.3.3 Os dados existenciais

A condição humana encontra-se submetida a imponderáveis. Noël Salathé enumera certo número de "coerções existenciais", para em seguida preferir o termo "dados existenciais" (Salathé, 2008). Gonzague Masquelier usa o termo "pressões existenciais" (Masquelier, 1999), a fim de colocar ênfase sobre os recursos pessoais. A maneira de gerir a angústia determina uma atitude própria a cada um e pode engendrar condutas inadaptadas se o terror despertado nessa confrontação for intolerável. Dentre essas coerções se destacam:

A incompletude. – O ser humano é imperfeito. A onipotência choca-se com os limites. A distância entre a necessidade e sua satisfação, entre o desejo e sua realização é fonte de frustração. Esse sentimento concerne, ao mesmo tempo, à imperfeição própria à pessoa e à do mundo externo.

A solidão. – O indivíduo é só, mas dependente. A autonomia adquire-se por rupturas sucessivas, desde a separação originária do nascimento. A dependência absoluta da infância relativiza-se progressivamente, para dar lugar à contradependência da adolescência, à qual sucede a independência da idade adulta, para alcançar a interdependência da maturidade. Em qualquer idade, o indivíduo deve negociar seu grau de autonomia. Noël Salathé distingue três formas de solidão: intrapessoal, interpessoal e existencial; ele confere a esta última o preço da liberdade.

A finitude. – Todo ser vivo, toda atividade ou todo objeto conhece um fim. O desenrolar implacável do fio da vida impõe a renúncia. Essa consciência em ato diante da degradação, da doença, do envelhecimento, atinge seu ponto extremo diante da morte. O luto, ligado à morte de outrem, ao despertar os sentimentos de perda e de abandono, reencontra a imposição da solidão. O temor de sua própria morte, no confronto com a mortalidade fatal, reencontra o dado da incompletude. Face à finitude, diversos modos de gestão da angústia podem aparecer: a depressão, a revolta, o desencorajamento, a negação, a banalização etc.

3.3.4 Questionamento existencial

O postulado de *liberdade*, proclamado pelos existencialistas, engaja a responsabilidade de cada um na maneira de construir sua vida. Essa capacidade humana apoia-se sobre uma concepção dinâmica do indivíduo, que se opõe a uma visão pessimista onde o indivíduo seria determinado por seu destino ou seu passado. Mas tornar-se criador de sua vida é exigente, o indivíduo é condenado a ser livre! A consciência dessa liberdade implica a responsabilidade de suas escolhas, e a busca do sentido.

(A) *A responsabilidade.* – Reconhecer-se responsável é "ser o autor inconteste de um acontecimento ou de uma coisa" (Sartre, 2005). Essa ideia impregna a Gestalt-terapia. Perls, desde sua primeira obra, convida à formulação do tipo "Eu deixei cair a taça", de preferência a "A taça me escapou das mãos". Cada um é responsável de seus atos e engaja sua vida, quer o queira ou não. Não escolher é ainda escolher. Segundo Paul Tillich, que influenciou Laura Perls: "O indivíduo torna-se plenamente humano somente no momento da decisão" (Tillich, 1999). Rank exprime a necessidade de fazer de sua vida uma obra, ao sublinhar que nós nos sentimos culpados pela vida não realizada e bem-sucedida. Essa culpabilidade encontra-se alimentada pela exigência de sucesso na sociedade contemporânea que reforça o individualismo. Reconhecer sua contribuição no desenrolar de sua própria história é um objetivo da terapia, com a condição de poder igualmente levar em conta as pressões sociais.

(B) *A busca de sentido.* – O sentido da existência nem é inato nem é dado, ele é construído. Passar do sentido DA vida, numa dimensão cósmica, ao sentido da MINHA vida, concreta e terrestre, pede criatividade. Para Viktor Frankl (1905-1997), psicoterapeuta existencial, a perda de sentido é o principal fator de ansiedade, e está na origem de crises existenciais prejudiciais. Para outros, a confrontação com o absurdo pode ser fecunda. O terapeuta acompanha o paciente em sua busca de sentido. O caminho terapêutico convida a reajustar certas representações idealizadas para saborear o fato de ser-aí, sem obrigatoriamente colocar-se questões existenciais!

3.4 Sabedorias orientais

Esse convite ao desapego é patente na atração dos fundadores da Gestalt-terapia pelas tradições orientais. No grupo dos sete fundadores, Paul Weisz, apaixonado pelo budismo, busca iniciar seus colaboradores na prática do *zen*[9]. Para ele, a visão gestáltica e as aspirações espirituais são complementares. Perls interessa-se por esse caminho: "Desde então, tornei-me cada vez mais fascinado pelo *zen*, por sua sabedoria, por seu potencial e atitude não moralista. Paul buscava integrar o *zen* à Gestalt-terapia. De minha parte, tentava, sobretudo, criar um método viável, para o indivíduo ocidental, de abertura a esse tipo de autotranscendência humana" (*apud* Rech, 2000). Durante sua volta ao mundo, em 1962, Perls hospeda-se num *kibboutz*

---

9. O *zen* é uma prática japonesa do budismo.

em Israel e prossegue até o Japão, atraído por um retiro num mosteiro. Curioso em busca de novas experiências, ele espera, reencontrar uma exaltação próxima ao orgasmo psicodélico. Mas torna-se vítima, de um lado, da confusão entre o verdadeiro ensinamento do *zen* e a isca do êxtase, e de outro lado, da manipulação dos monges *zen* que se aproveitam da inocência dos *beatniks* americanos em busca de iluminação[10]. Apesar dessa decepção, o caminho perlsiano guarda uma dimensão mística, manifesta nesse poema: "Assim a matéria adquire a meus olhos um sentido quase divino. E vocês e eu, e eu e você, somos mais que matéria imortal; participando, nós existimos verdadeiramente na natureza de Buda" (Perls, 1969/1976). Essas aspirações levaram a que se qualificasse Perls como "guru do Ocidente!" (Shepard, 1980).

Goodman não compartilha o gosto de Perls pelo transe e a transcendência. Inspirado pelo taoismo, ele não busca escapar nem de si nem do mundo: "O indivíduo, de algum modo, banha-se no mundo. Encontra-se unido a ele, como a criança por nascer compõe uma unidade com o ventre da mãe, ou o tigre com sua presa, ou o pé que caminha com o solo que o sustenta" (Vincent, 2001). Como para o budismo, um dos obstáculos a essa unidade do organismo com o mundo seria o superdesenvolvimento do funcionamento egóico – dualista – amputando a realidade que é não separação – não dualista (Béja, 2000). Para Goodman, a *awareness* é uma atitude de despertar sensorial que espontaneamente nos põe em contato com o mundo,

---

10. *Beatniks* foi o apelido dado a jovens estadunidenses, das décadas de 50 e 60, que rejeitavam o modo de vida da sociedade ordinária, e vestiam-se e comportavam-se de modo inusitado como sinal de sua atitude [N.T.].

numa abertura aos possíveis, enquanto a consciência reflexiva, *consciousness*, produz um fechamento. O taoismo, segundo ele, comporta o mesmo paradoxo, distinguindo o plano da existência, que mergulha plenamente no mundo, e o da consciência, que isola o real. Assim, deixar o mental libera as tensões e inibições prejudiciais a uma sã regulação. Essa confiança resume-se num ato de fé: "A fé consiste em saber, para além do princípio de consciência, que se damos um passo a mais, haverá realmente um solo sob nossos pés" (Perls, Hefferline & Goodman, 2001).

A civilização ocidental, herdeira de um pensamento dualista, tem a tendência de separar o psíquico do corporal. Ao propor psicoterapias profanas e racionais, ela isola a psique. À diferença da maioria das terapias orientadas para uma reflexão intrapsíquica, a Gestalt-terapia não separa, mas reúne, visando a circulação das energias. Por sua dimensão holística, ela engloba o conjunto das aspirações humanas e aproxima-se das práticas meditativas e espirituais.

4
Uma teoria do contato

A experiência de contato encontra-se no coração da humanidade e do crescimento. Todo organismo está em relação com um ambiente e nenhum organismo subsiste sem trocas. O contato humano não se limita às relações inter-humanas, mas se estende a toda experiência de diferenciação entre *"eu"* e *"não eu"*. Esta distinção nunca está adquirida, ela é trabalhada de maneira processual e temporal. Definir o contato corre o risco de fixá-lo, falar de *contatar* aproxima-se mais do movimento. Os fundadores definem o contato como o "tato tocando alguma coisa" (Perls, Hefferline & Goodman, 2001, p. 217). O próprio da Gestalt-terapia é focalizar-se sobre a fluidez dos fenômenos de contato.

4.1 Algumas definições

4.1.1 Contato e contatar

"Quando falamos de 'contato' ou de 'fazer contato' com os objetos, nós evocamos ao mesmo tempo o fazer contato sensorial e o comportamento motor" (Perls, Hefferline & Goodman,

2001, p. 50)¹¹. Assim definido pelos autores, o contato teria dois componentes, um mais receptivo e outro mais motor. O esclarecimento de Laura Perls diferencia esses aspectos (Perls, 2001, p. 65).

- "Estar em contato" descreve uma situação: todo organismo, pelo fato de existir, está em contato com o ambiente. A maneira de ser de cada um traduz sua função singular de estar no mundo e de contatá-lo, sem objeto específico.
- "Fazer contato" engaja uma mobilização motora. Pôr-se em contato comporta uma seleção, uma intenção, uma ação, por vezes uma verbalização. Esse fazer contato implica um objeto específico.

Centrar-se sobre o primeiro aspecto favorece a consciência da maneira de estar em contato, o que esclarece a singularidade de cada um, numa constatação sem julgamento. Interessar-se pelo segundo aspecto encoraja a desenvolver um potencial pessoal para entrar em contato. A Gestalt-terapia valorizou, inicialmente, a componente mobilizadora, num *ir para* e *fazer*, antes de considerar o contato como uma troca contínua no *campo organismo/ambiente*, um ir-e-vir simultâneo de transformação recíproca. Todo indivíduo é único e ajusta-se constantemente no contato com o que não é ele.

A opção gestáltica, ao centrar-se sobre o *contatar*, insiste na experiência originária: os primeiros sinais de vida, os primeiros

---

11. A tradução francesa, usada pela autora, difere sensivelmente do original inglês: "we use the word "contact" – "in touch with" objects – as underlying both sensory awareness and motor behavior", ou seja, literalmente: "utilizamos a palavra "contato" – "no toque com" objetos – para sublinhar tanto a consciência (*awareness*) sensorial quanto o comportamento motor" (Perls, Hefferline, & Goodman, 2011, p. 3) [N.T.].

61

movimentos, as primeiras inquietudes dão testemunho de uma interação com o ambiente.

O contato é o fenômeno que precede toda organização da experiência: pré-edipiano, pré-objetal, pré-consciente, pré-representacional, pré-emocional, pré-psíquico. Antes de ser sedimentado num "psiquismo", a experiência foi contato, e ela o será a seguir, pois é no contato e pelo contato que a psique poderá "ex-sistir" e presidir as experiências ulteriores. O *pré-* é gênese, mas é igualmente estrutura (Robine, 2012).

4.1.2 O **self** *gestáltico*

"Chamemos de *self* o sistema de contatos constantes. Enquanto tal, o *self* varia com docilidade: suas variações seguem as necessidades orgânicas dominantes e a pressão dos *stimuli* do ambiente. É o sistema de respostas; diminui durante o sono, quando a necessidade de resposta se faz sentir menos. O *self* é a fronteira de contato em ação; sua atividade consiste em formar figuras e fundos" (Perls, Hefferline & Goodman, 2001, p. 58). Esse movimento significa que a figura do momento (sensação, sentimento, representação) emerge e ganha forma (primeiro plano) a partir de um fundo indiferenciado (segundo plano). A relação figura/fundo é movente. Essa noção, herdada da Gestalt-teoria, aplica-se à Gestalt-terapia. No coração dessa dança das figuras e dos fundos, o *self* é o artesão do contato; ele mobiliza-se no e pelo contato na fronteira organismo/ambiente. Os autores da *Gestalt-therapy* operam uma virada radical deslocalizando e temporalizando o *self*. Daí resultam duas constatações:
- o *self* não é uma entidade. Ele não tem existência própria, espacial ou anterior. Ele não se revela por ocasião do contato, ele mesmo é contato em via de se produzir;

- o *self* é um processo variável e temporal: "Nós consideramos o *self* como a função de fazer contato com o real presente efêmero" (Perls, Hefferline & Goodman, 2001, p. 215). A atenção recai sobre o desenrolar da situação a cada instante.

Assim, o objeto da Gestalt-terapia consiste em ocupar-se das variações do *self,* ou seja, das modalidades do *contatar.* O terapeuta interessa-se pela Gestalt, a forma, a maneira de ser no mundo. Ele centra-se sobre o processo bem mais do que sobre o conteúdo. Sua atenção repousa sobre o "como" mais do que sobre o porquê, sobre o "agora" mais do que sobre o outrora, sobre o "aqui" mais do que sobre o alhures. Esse posicionamento engaja o terapeuta, que não é simples observador, mas participa da atualidade da situação.

4.1.3 A fronteira de contato

O lugar metafórico dos intercâmbios entre organismo e ambiente é a fronteira de contato. Segundo Perls:

> O estudo do funcionamento humano não pode fazer-se senão tendo em conta o meio do qual ele faz parte. A psicologia consiste em observar o que ocorre na fronteira de contato entre o indivíduo e o ambiente: é aí, no limite entre os dois, que os eventos psicológicos têm lugar. Nossos pensamentos, nossas ações, nossos comportamentos, nossas emoções são diferentes maneiras de viver esses eventos que ocorrem nas bordas, no ponto de contato (Perls, 2003, p. 34).

A fronteira de contato, simultaneamente religa e diferencia; como a pele que é, simultaneamente, o limite e a zona de intercâmbio. O tato, que contata e abre ao mundo, ao mesmo tempo contém algo do mundo e dele se distingue. A pele é o único órgão sensorial que implica o passivo e o ativo: não se pode tocar sem ser tocado, ao passo que se pode ver ou escutar sem ser visto ou escutado. Essa imagem bem ilustra o duplo movimento de si para o mundo e do mundo para si. Mas a ambiguidade desse conceito consiste no risco de materializar uma fronteira, sem dar-se conta dessa zona informal, desse entremeio virtual, nem dentro nem fora, dentro e fora, simultaneamente.

Para um sujeito dado, essa experiência concerne a todos os fenômenos emergindo em seu campo sensorial. O contato não se limita ao contato com outrem, mesmo se o outro está presente no ambiente. É precisamente essa confrontação com a novidade, a estranheza, por vezes a inadequação, que mobiliza o *self* na fronteira de contato. Na situação terapêutica, a simples presença do terapeuta no campo do paciente cria uma novidade.

4.1.4 O ajustamento criativo

"O organismo sobrevive graças à assimilação da novidade". Dessa hipótese de base resulta que "todo contato é criativo e dinâmico. Ele não pode ser rotineiro, estereotipado ou simplesmente conservador porque deve afrontar a novidade, pois só ela é nutritiva [...]. Todo contato é ajustamento criativo do organismo e do ambiente" (Perls, Hefferline & Goodman, 2001, p. 52-53). Os dados fisiológicos do organismo confrontam-se com os elementos e eventos do ambiente não fisiológico. O sistema de ajustamentos conservativos é fisiológico, enquanto o ajustamento criativo depende do psicológico. Por exemplo, o medo desencadeia um cortejo de manifestações físicas (palidez, paralisia, tensões corporais), ajustado à situação. Esse ajustamento conservativo torna-se incapacitante se ele persiste no tempo ou estende-se a novas situações. O ajustamento criativo consiste em inventar novas formas para exprimir o medo, como a liberação emocional ou a verbalização. Ele atua quando a espontaneidade do ajustamento conservativo não basta mais para regular as modalidades de contato. A fluidez entre a conservação e a criação é indispensável. Um ajustamento criativo sem ajustamento conservativo desembocaria, provavelmente, em formas de histeria, de mania ou de loucura. Um ajustamento conservativo isolado poderia conduzir à depressão. Esse equilíbrio entre os ajustamentos é a função essencial do *self.*

A visão de saúde em Perls e Goodman apoia-se sobre uma autorregulação espontânea, segundo o princípio da homeostase. A patologia resulta das interrupções, inibições e outros acidentes que vêm comprometer o ajustamento criativo. A ansiedade da neurose seria a consequência de freios ou paradas no desenrolar harmonioso do crescimento da excitação. E os caráteres neuróticos resultariam de estruturas fixas que prejudicam a flexibilidade da adaptação criativa. A situação terapêutica oferece a ocasião de experimentar o processo de contato e de evidenciar os eventuais bloqueios.

4.2 A sequência de contato

A *sequência de contato* descrita por Perls e seus colaboradores relata esse processo. Comumente, os gestálticos chamam-no de *ciclo de contato* ou *ciclo da experiência,* terminologia que expõe o movimento e a circularidade, mas induz o pressuposto da necessidade de fechar ou terminar uma Gestalt em vez de deixar a porta aberta ao que poderia advir. O termo de *sequência* parece mais apropriado, pois leva em conta o instantâneo e não prevê a solução. A realização do contato concerne à modalidade de criação da figura sobre o fundo, ou seja, a passagem do indiferenciado ao diferenciado.

A sequência pode desenhar-se em quatro fases: o pré-contato, o processo de contato, o contato final e o pós-contato. Essa sucessão de momentos modifica a relação entre figuras e fundos. A cada etapa, uma modalidade específica do *contatar* aparece.

4.2.1 O pré-contato

Essa fase é aquela da emersão da "necessidade" a partir das sensações corporais. O termo necessidade engloba tudo o que põe em movimento: apetite, curiosidade, pulsão, desejo, situação inacabada. A Gestalt emerge do fundo indiferenciado para ganhar progressivamente uma forma suscetível de desencadear um "ir para" o ambiente. O organismo é impelido para alguma coisa sem saber de antemão "nem quê nem o que é?", sem ter conscientizado ainda a natureza ou o objeto da necessidade. Por exemplo, no começo de uma sessão, a atenção do terapeuta volta-se para a maneira como o consultante chega, move-se e cala-se em sua poltrona. Identificar o que se manifesta fisicamente põe em figura o que está aí, aquilo de que o paciente nem sempre tem consciência.

4.2.2 O processo de contato

A emersão da figura, uma vez identificada, faz elevar a excitação necessária à orientação para o ambiente, a partir do organismo. Essa fase de exploração permite o exame dos recursos ambientais. Trata-se de identificar o objeto e de alienar, no sentido de afastar (ou de renunciar a) todas as possibilidades para efetuar uma escolha. Proceder às identificações e alienações faz trabalhar a função Ego (descrita a seguir). A transição entre o pré-contato e o fazer contato requer uma rotação do organismo para o ambiente: descentrar-se daqui (sensações) para ir até lá (para o entorno). Essa mobilização implica um duplo movimento manifestando a atração recíproca do organismo e do ambiente. No momento da confrontação com o exterior, a emoção surge diante do inesperado.

4.2.3 O contato final

O ambiente conhecido volta ao fundo, para dar lugar ao objeto escolhido. A mobilização global engaja a motricidade para tender em direção ao objeto selecionado. Estabelecer um contato final implica desapego para imergir totalmente no momento de simbiose ou de encontro. As fronteiras são abolidas. Trata-se de relação interpessoal, é o momento do "Nós". Esse momento não é necessariamente idílico, pode ser um Nós afetuoso, mas também um Nós conflitante. É um "Nós" escolhido, ao qual a gente se abandona num contato proveitoso. Não se trata do retorno ao indiferenciado. Essa fase é chamada de *contato final* por Perls e Goodman, o que não significa o fim do ciclo, mas sua finalidade.

4.2.4 O pós-contato

Esta última fase consiste no distanciamento que permite a assimilação da novidade. "O contato final é a *meta* do processo de contato, mas não seu *fim* funcional, que é a assimilação e o desenvolvimento" (Perls, Hefferline & Goodman, 2001, p. 264). A figura tratada ao longo da fase precedente dissolve-se progressivamente. Esse "ponto zero" é um estado em que não há nem figura nem fundo. A essa fase corresponde a noção de indiferença criativa desenvolvida pelo filósofo Friedlaender (1918), fase aparentada à do vazio fértil da prática zen-budista. O organismo digere a experiência vivida para integrá-la. O vazio fecundo sucede ao distanciamento e abre para uma nova sensação. Cada Gestalt alimenta uma outra.

A sucessão das sequências de contato aparenta-se à alternância das ondas, entre o vazio e o pleno, o fundo e a figura. A cada etapa produz-se um miniciclo, com a emersão de nova configuração. O que jamais desaparece é a fisiologia. No pré-contato, a figura emerge a partir do fundo constituído pelas sensações corporais. No processo de contato, a necessidade une-se ao fundo para que a figura do ambiente apareça. No contato final, é a vez do ambiente fazer parte do fundo, para que o objeto escolhido se torne figura. Enfim, no pós-contato, o objeto integrado vem transformar o fundo, que se constitui a partir dessas experiências. Essa visão do ciclo é dinâmica e transformadora. O fundo não é somente uma acumulação de experiências, mas se reorganiza continuamente.

4.3 Propriedades e modalidades do *self*

"O self é espontâneo, de modo médio, e engajado na sua situação" (Perls, Hefferline & Goodman, 2001, p. 220). Comenta-se esta definição assim:
- A espontaneidade significa: "descoberta e invenção", "excitação e criação". A espontaneidade diferencia-se da atitude refletida num polo, e do relaxamento noutro polo.

- O modo médio faz referência ao modo gramatical do grego antigo, ao mesmo tempo passivo e ativo. Essa forma se aproximaria da forma pronominal: na expressão *mover-se*, o sujeito é tanto o ator quanto o beneficiário da ação. Os sentimentos, as emoções são espontâneos e de via média.

- Estar engajado quer "dizer que não existe sentimento de si ou dos outros objetos fora da experiência que temos da situação" (Perls, Hefferline & Goodman, 2001, p. 220-221).

Essas propriedades definem uma atividade geral e ideal do *self*. Mas segundo os momentos e as necessidades, o *self* atualiza-se seguindo certas modalidades privilegiadas. Os aspectos estruturais do *self*, a saber os modos Id, Ego e Personalidade, participam do ajustamento criativo assim como o modo médio[12]. Essa terminologia presta-se a confusão na medida que, na linguagem cultural, o Id e o Ego definem as instâncias freudianas. Na perspectiva gestáltica, não se trata de classificação posicional, mas da maneira como o *self* se desdobra a cada instante; a representação temporal predomina sobre a representação espacial. O termo "função" empregado por Perls e seus colaboradores põe o acento sobre o funcionamento pragmático de cada uma dessas modalidades. Para evocar a plasticidade dessas diferentes funções, o termo "modo" parece preferível. No entanto, a função Personalidade, estruturando a sedimentação das experiências, tem um estatuto particular que justifica o termo de "função".

---

12. Preferimos adotar os termos "Ego" e "Id", ao invés de traduzir "Moi" e "Ça", usados pela autora, como Eu e Isso. Esta preferência baseia-se no original inglês e na tradução brasileira de Perls, Hefferline e Goodman (2011; 1997) [N.T.].

Os diferences modos são descritos na ordem de sua aparição preferencial ao longo do ciclo de contato: o modo Id no momento do pré-contato, o modo Ego na atuação, e o modo personalidade na assimilação do pós-contato. Quanto ao modo médio, ele desempenha plenamente seu papel no momento do contato final.

4.3.1 O modo Id

Essa modalidade concerne à emersão da necessidade que se manifesta, de preferência, corporal e emocionalmente. No momento do pré-contato, o modo Id é o registro privilegiado do desdobramento do *self*: ele se manifesta nas sensações, nas perturbações e nas moções internas, por exemplo, o nascimento do apetite. Esse modo nasce do organismo e de uma proposição do ambiente. Nas primícias da experiência, um início de excitação impulsiona um movimento progressivamente, de instante em instante. É a noção de *next* usada por Goodman: "Here, now and next..."[13]. O Id manifesta o instinto de vida, a dinâmica que impulsiona para o mundo.

Esse modo não pertence ao sujeito em particular, ele emana da situação. A função Id está sempre aí, à espreita. É o contexto que detona seu desdobramento. Por ocasião de uma situação comum, tal como uma sessão de psicoterapia, emerge uma forma indefinida em cada um dos parceiros. Uma figura desdobra-se sem distinguir o que seria de um ou de outro no evento que surge aqui e agora, entre os dois. A expressão "Id da situação", que aparece regularmente no texto fundador, dá conta dessas emersões.

---

13. "Aqui, agora e depois..." [N.T.].

Perturbações da função Id. – A função Id encontra-se gravemente perturbada nas dissonâncias sensoriais e nas distorções das necessidades primárias: em certos estados psicóticos por exemplo, o paciente não sente frio ou fome. Na neurose pode produzir-se a perda da consciência do apetite ou do desejo, mas sem que por isso se perca o apetite ou o desejo. A consciência está perturbada, não a necessidade. A abertura às sensações corporais acolhe a *vivência* e a elevação da excitação. Na vida corrente, essa função é frequentemente sacrificada em proveito da tarefa a cumprir ou da busca de um programa eficaz. O espaço terapêutico oferece a possibilidade de parar, de atar ou reatar com o modo Id que nutre e impulsiona o elã vital.

4.3.2 O modo Ego

Perls e Goodman atribuem ao modo Ego[14] a faculdade de operar identificações e alienações: "deliberado, de modo ativo, sensorialmente em alerta, agressivo sobre o plano motor" (Perls, Hefferline & Goodman, 2001, p. 223). A agressividade sadia é compreendida no sentido de *ad-gressere*, ou seja, um "ir para". O organismo faz uma escolha deliberada: a identificação molda a figura do objeto selecionado e a alienação abandona os outros elementos do fundo[15]. O modo Ego mobiliza-se no

---

14. No original francês, o termo "Ego" usado por Pearls, é traduzido por "Moi" (Mim), seguindo a tradição francesa, para evitar a confusão com a instância psicanalítica do "Ego", segundo a autora. No entanto, a recepção brasileira da Gestalt-terapia preferiu manter os termos usados por Pearls, Hefferline e Goodman (2001), ou seja, Ego e Id, critério que seguimos em nossa tradução [N.T.].

15. Alienação, no sentido filosófico do termo, significa uma renúncia a ter e, no fenomenólogo Hegel, uma renúncia a ser.

contatar, para selecionar o que ele toma ou deixa. O sujeito engaja-se totalmente numa opção escolhida em detrimento de todos os possíveis eliminados.

A função Ego exerce sua contribuição na vida cotidiana. Ela evoca a noção existencial de responsabilidade, essencial nos fundamentos da Gestalt-terapia. Em particular, Perls convida o paciente a verificar suas projeções e assumi-las. Suas três questões resolutivas vêm a calhar: "O que você faz? O que você sente? O que você quer?", às quais se juntam duas questões complementares: "O que você evita? O que você espera?" (Perls, 1973, p. 84). A responsabilidade integra-se na atualização do *self* em modo Ego: sou eu quem está pensando, percebendo, sentindo, fazendo. Essa consciência permite a apropriação da maneira de ser no mundo e restaura a capacidade de escolha. No entanto, uma responsabilização apressada corre o risco de acelerar o processo sem levar suficientemente em conta a indigência e o sofrimento do paciente.

Perturbações da função Ego. – O modo Ego é fortemente solicitado na gestão dos movimentos na fronteira de contato. A liberdade de escolha é angustiante e o organismo usa de quantidade de subterfúgios para livrar-se dela. A elevação da excitação acompanha-se de ansiedade, por vezes intolerável, que pode ganhar formas incapacitantes. Por exemplo, o recurso aos mecanismos de urgência (ataque de pânico, desfalecimento, perda de consciência) é uma maneira extrema de escamotear as etapas do ciclo e de esquivar-se da pesada responsabilidade da existência (Masquelier-Savatier, 1997).

Sem ganhar formas tão extremas, oscilações, perturbações, perdas eventuais vêm substituir-se à função Ego. Essas diferentes formas serão descritas nas flexões do self (cf. adiante item 4.4).

4.3.3 O modo médio

O modo médio é aquele do desapego necessário ao pleno contato. Ele permite a espontaneidade e a criatividade. Trata-se de engajar-se na situação sem querer dominá-la, na aceitação da novidade e na adesão ao desenrolar do processo.

> O espontâneo é ao mesmo tempo ativo e passivo, querer e padecer, ou melhor dito: ele é a voz média, imparcialidade criativa, desinteresse, não no sentido em que não seria nem excitado nem criativo, pois a espontaneidade é eminentemente excitação e criação, mas no sentido de uma unidade anterior à atividade e à passividade, uma unidade que contém os dois (Perls, Hefferline & Goodman, 2001, p. 220).

Um exemplo é aquele da condução de um automóvel, que requer atenção e flexibilidade sem que se tenha consciência de pisar sobre o acelerador, a embreagem ou o freio. Todo motorista efetua espontaneamente esses gestos. Os limites da espontaneidade são, de um lado, a ação deliberada e, de outro, o estado de relaxamento. Na sequência de contato, a passagem ao modo médio conduz a largar o projeto voluntário, para abandonar-se ao que vem, e deixar advir o inédito.

4.3.4 O modo Personalidade

A Personalidade é a resultante das experiências. É a função mais estável do *self*. Segundo os fundadores: "É o sistema das atitudes presumidas nas relações interpessoais; é a hipótese daquilo que se é, e que serve de base a partir da qual alguém explicaria seu próprio comportamento se a explicação nos fosse pedida" (Perls, Hefferline & Goodman, 2001, p. 226). A função Personalidade engloba as representações construídas através

das experiências, durante o crescimento. Ela organiza a expressão em palavras como uma "cópia verbal do *self*". Seus principais ingredientes são as crenças implícitas e explícitas:
- as crenças e valores morais contidos nos introjetos: o que está bem, o que está mal, o que deve ser, o que não deve ser;
- as lealdades em solidariedade com o grupo de pertença social (família, classe, cultura);
- as atitudes retóricas que exprimem a representação de si, construída por meio das experiências: a maneira como alguém se define, a linguagem que fala, o lugar que ocupa.

O modo Personalidade é assegurador, ele se refere ao conhecido. O ideal goodmaniano seria desprender-se da experiência adquirida, para abordar a novidade. A Personalidade seria um elemento líquido que ganharia a forma do recipiente, ajustando-se à novidade da forma. O risco de fechar-se no "já-conhecido" prejudica a abertura ao inesperado. Mas isso é também um modo de autoproteção diante da estranheza da existência. A sucessão das experiências fornece um sentimento de continuidade e de identidade que dá à Personalidade uma componente funcional e estrutural. Assim, esse modo de desdobramento do *self* é indispensável, no sentido de fornecer um pilar estável a partir do qual se vivem novas experiências.

Em psicoterapia, o paciente exprime-se principalmente em modo Personalidade. A verbalização do experimentado toma uma forma impregnada de valores e de crenças culturais. É impossível para o paciente e para o terapeuta fazer abstração da função Personalidade, mas é possível trazer à luz os introjetos que a constituem. O modo Personalidade é particularmente solicitado no momento do pós-contato. O sujeito integra dados que modificam a imagem que ele tem de si. Opera-se uma verdadeira transformação. Mas a experiência tem necessidade de renovar-se para inscrever-se de maneira durável.

Perturbações da função Personalidade. – As perturbações da função Personalidade traduzem a distância entre as representações da experiência e a realidade da "dita experiência". Essas perturbações formam a neurose. O paciente obstina-se em funcionar segundo um modo que era adequado na origem, mas não corresponde mais à atualidade. Parece mais cômodo prosseguir com os hábitos adquiridos do que inventar uma nova maneira de se ajustar. O conhecido é assegurador, mas corre o risco de fechar à novidade. O desconhecido pode engendrar uma tal angústia que o sujeito prefere acampar firmemente sobre um terreno familiar e conserva um funcionamento obsoleto no qual ele se fecha. Esse mecanismo explica a repetição e a inscrição no sofrimento, pois parece mais fácil manter um funcionamento conhecido, embora prejudicial, do que confrontar-se ao desconhecido altamente inquietante.

4.3.5 *Projeto terapêutico*

Diante das flutuações desses diferentes modos de atualização do *self*, o terapeuta tenta flexibilizar as modalidades do contato, sem antecipar a forma que essa evolução ganhará, tampouco seu resultado. O circuito de construção das Gestalts passa da função Id à função Personalidade, modulando-se pela função Ego, que assegura o contato com o ambiente. Os modos Id e Personalidade, que se influenciam reciprocamente, estão sempre presentes e atuantes, mesmo perturbados, enquanto o modo

Ego pode desaparecer. O Ego gestáltico não é uma instância estável. A célebre fórmula de Freud: "Wo Es war, soll Ich werden", traduzida como "Onde estava Isso [Id], Eu [Ego] deve advir", enuncia uma finalidade. A Gestalt-terapia integra o pensamento freudiano, no sentido em que o Id energiza o Ego: "O Ego que faz parte do Id é forte, o Ego cortado do Id é fraco" (Perls, Hefferline & Goodman, 2001, p. 259). Mas a abertura à novidade e a acolhida da incerteza primam sobre o dever e a necessidade.

No entanto, a função Personalidade algumas vezes permite que se esquive da responsabilidade da escolha, que é característica do modo Ego, o que conduz a negligenciar necessidades, desejos e aspirações que emergem no modo Id. O ajustamento estaria em deixar a função Ego apropriar-se daquilo que vem do Id, para integrá-lo à Personalidade. Essa intenção impõe desconstruir para construir e engaja o duo terapeuta/paciente numa colaboração. Permitir que esses três modos desempenhem seu papel, não numa luta, mas numa circulação, mantém ou recoloca o *self* em movimento.

4.4 Flexões do self

O *self* é o órgão do contato. As perturbações do contato são inicialmente atribuídas à perda da função Ego. Diante desse déficit, os fenômenos de fronteira que se substituem ao funcionamento adaptado desse modo são classicamente descritos em termos de resistências[16]. Essa designação subentende um freio ou um obstáculo, ao passo que se trata de modalidades de ajustamento. Falar de flexões ou de flutuações parece mais coerente.

---

16. Termo assumido por Perls a propósito da introjeção considerada como uma *resistência* oral.

Elas ocupam o terreno em caso de defecção parcial ou total de uma função Ego ideal. Ora elas apoiam e modulam essa função na fronteira de contato, ora elas a substituem. A perspectiva gestáltica, em sua ancoragem fenomenológica, considera esses fenômenos como variações de formas sem as julgar. A gradação das formas saudáveis às formas patológicas depende do grau de atualização em modo Ego. O critério de saúde seria, portanto, a presença da função Ego que se ativa na consciência da experiência em curso.

No texto fundador, as perdas das funções do modo Ego tomam formas diferentes segundo o momento da interrupção do contato:

- a *confluência* interviria desde o pré-contato, antes da excitação primária;
- a *introjeção* teria lugar igualmente no pré-contato, na elevação da excitação;
- a *projeção* se situaria no momento do ato de contato, na confrontação com o ambiente;
- a *retroflexão* se produziria também no ato de contato, com o conflito ou a destruição;
- o *egotismo* adviria como última retenção antes do pleno contato.

Mas se cada uma dessas formas aparece, preferencialmente, numa etapa do ciclo, elas podem, no entanto, entrar em jogo no tempo de qualquer uma das fases.

4.4.1 A confluência

A confluência é a condição de não contato. A fronteira organismo/ambiente não existe. O mundo é indiferenciado, nenhuma figura emerge. A confluência é o estado suposto da criança de peito, em simbiose com o ambiente. Ela não tem consciência de uma diferença eu/não-eu. A confluência sadia traduz a capacidade de viver em harmonia com o ambiente. A *contrario*, ela pode ser considerada como uma ausência de consciência da novidade ou da singularidade da experiência.

A não consciência da diferença é traduzida por uma tendência a fundir-se com o meio ambiente, a não retirar-se nem distinguir-se, numa forma de passividade ou de abandono. A confluência não se limita à indiferenciação entre um Eu e um Tu, mas concerne à imersão num ambiente amplo. O estado de confluência pode ser confortável, aquém de toda diferenciação, ele mantém a pessoa numa zona anterior ao contato. No início da sequência, isso alimenta uma confusão que freia ou impede a emersão de uma figura, mas isso ganha outra aparência ao fim da sequência, com a impossibilidade de sair do contato pleno e retirar-se.

4.4.2 A introjeção

Quando a figura começa a despontar, ela vem acompanhada de uma excitação que empurra para o ambiente. Mas a introjeção pode intervir, influenciar ou interromper esse movimento. Deve-se distinguir: a) o processo ativo de introjeção; e b) o introjeto que é o corpo estranho absorvido. A introjeção é necessária ao crescimento. A conduta alimentar é o modelo escolhido por Perls para ilustrar o intercâmbio com o ambiente: tenho necessidade de nutrir-me com um objeto não-eu, segurá-lo faz que esse objeto seja meu, comê-lo faz que esse objeto se torne eu. Mas para digeri-lo, é necessário parti-lo, mastigá-lo, triturá-lo, em suma, destruí-lo a fim de apropriar-se dele.

A introjeção bem-sucedida desemboca na assimilação, mas os avatares da introjeção deixam alimentos indigestos no estômago! Por exemplo, constituem introjetos: as injunções parentais, os princípios educativos ingurgitados, as regras morais impostas. Ao longo da sequência de contato, os elementos não digeridos perturbam o processo, sob a forma de obrigações ou interditos: "Tu deves, tu não deves, é necessário, não é necessário". Esse conflito entre a emersão de um desejo e os princípios rígidos aparece frequentemente no início de uma ação e, principalmente, no começo da terapia.

Os introjetos integram-se à personalidade e é frequentemente difícil discernir nesse amálgama o que vem da herança transgeracional, social e cultural, daquilo que se apoia sobre uma escolha deliberada e pessoal. A investigação terapêutica permite reorganizar seu mapa do mundo ao revisitar as injunções, bem como os afetos que a elas estão vinculados. Se as crenças se coagulam em certezas ou verdade absoluta, o perigo de esclerose ameaça a individuação. Seu questionamento é sinal de saúde.

4.4.3 A projeção

Uma vez que a figura emergiu e a excitação elevou-se sem ser interrompida pela introjeção, a emoção surge no contato. Então, a projeção ameaça parasitar o elã para o objeto de satisfação. Perls compara assim essas duas polaridades inversas: "se a introjeção consiste em tornar-se responsável do que pertence ao ambiente, a projeção é a tendência a tornar o ambiente responsável do que, na realidade, deveria ser atribuído a si mesmo" (Perls, 1973, p. 49).

A projeção seria uma tendência desesperada de dar sentido a uma experiência inassimilável e retornar assim a algo conhecido. Esse processo aparece nas formas paranoides: sentindo-se perpetuamente ameaçada, a pessoa busca localizar no outro a confirmação de sua construção mental, a prova daquilo que ela imagina. Essa tendência engendra desconfiança, suspeita, por vezes má fé e dúvidas sobre a intenção alheia. A projeção ganha uma forma extrema no delírio paranoico em que a agressividade do sujeito projetada sobre o mundo exterior se traduz em fantasmas de perseguição.

Mas a projeção é também uma maneira de ir para o mundo. A imaginação, a criação artística são manifestações sadias da projeção. Esse recurso, particularmente útil para as qualidades relacionais, exerce-se na benevolência, na empatia, na intuição... É também a aptidão de projetar que permite elaborar hipóteses e projetos. A projeção colore e nutre o olhar sobre o mundo. Essa faculdade pode servir de alavanca nas situações mais desastrosas.

Na relação terapêutica, a projeção desempenha um grande papel, pois o paciente atribui ao terapeuta todo tipo de representações: do pai ou mãe ideais ao pai ou mãe desvalorizados, por exemplo. Numa relação transferencial, tal como definida pela psicanálise, o conteúdo das projeções concerne essencialmente à vida intrapsíquica do consultante. Reciprocamente, o terapeuta projeta uma paleta inteira de possíveis sobre o paciente, agrupada na contratransferência. A transferência pode ser considerada como um caso particular da projeção, mas o encontro entre o paciente e o terapeuta não se limita à transferência, pois ela fornece uma ocasião de novidade. Para os gestálticos, a projeção simples não existe, pois numa relação em que os dois parceiros estão implicados, aquele que suporta a projeção também nela consente, ao recebê-la e ao emitir alguma coisa de si mesmo. O psicoterapeuta não é nem uma superfície neutra de projeção, nem um espelho refletor. Sua simples presença influencia as projeções do paciente, as quais não são feitos exclusivos deste, mas concernem ao conjunto dos desafios relacionais. Esse jogo de projeções cruzadas vem descrito em termos de identificação projetiva por Melanie Klein e seus sucessores. Em termos gestálticos, são efeitos de campo.

4.4.4 A retroflexão

Uma outra maneira de evitar o contato, no momento do início da ação, é a retroflexão, cujo significado literal é "voltar atrás". A retroflexão consiste em fazer consigo o que estaria destinado ao ambiente. Por exemplo: golpear-se no lugar de bater, roer-se as unhas no lugar de morder; mas, igualmente, interrogar-se no lugar de dizer, masturbar-se no lugar de acariciar. Na linguagem, essa inclinação exprime-se na forma gramatical pronominal: "Eu faço a mim mesmo o que amaria fazer a outrem". A forma sadia é a atividade reflexiva que permite refletir antes de agir e autoriza a pensar. Essa retroflexão sadia prepara para a ação, para a comunicação, para a avaliação. Mas se a incerteza dá lugar à dúvida corrosiva, ela engendra a inibição e o imobilismo.

A forma extrema tomada pela retroflexão é o ato suicida. Os mecanismos de urgência – o estado de choque, o coma, as alterações ou perdas de consciência – podem ser consideradas formas esterilizantes de retroflexão, ainda que esses fenômenos de interrupção surjam, frequentemente, a montante do ciclo, antes mesmo da elevação da excitação (Masquelier-Savatier, 1997). As somatizações dependem da retroflexão, assim como certas formas de linguagem testemunham: "Ganhou uma úlcera"; "Dói carregar esse problema"; "Estou morto de cansado". A retroflexão complica o acesso a sentimentos como a culpabilidade e a vergonha – que combinam introjetos e projeções – quando a pessoa se sente culpada de ser culpada ou com vergonha de ter vergonha. A presença apoiadora do terapeuta pode diminuir a carga de retroflexão para explorar essas zonas de forma tranquila.

Há vários modos de "retroflexar": a retroflexão de ação descrita acima consiste em conduzir para si ou contra si os movimentos de fronteira. A retroflexão de interação pode deslocar a energia para outro lugar (deflexão) ou desviá-la (proflexão). Estas duas últimas variantes comportamentais são descritas assim:

A *deflexão* (Polster, 1983). – Essa modalidade é um deslocamento. A energia é desviada de seu objetivo para voltar-se a objetos anódinos. Essa manobra ordinária é encorajada pelos usos e costumes. A conversa de boteco, a diversão, as digressões, o falar para nada dizer ou para ocupar o silêncio são modos socialmente requeridos pela polidez e a conveniência. A deflexão comporta um aspecto manipulador mas, muitas vezes, se mostra como estratégia eficaz para alcançar seus fins. As formas sadias revelam-se na sublimação, na diplomacia, na pedagogia etc.

A *proflexão* (Crocker, 1997). – Esse funcionamento é uma combinação de projeção e de retroflexão: trata-se de fazer ao outro o que alguém amaria que se lhe fizesse. É uma maneira de manipular o entorno para obter uma satisfação narcísica. A adulação, o devotamento, a aparente submissão, a polidez excessiva ilustram o caso. O outro é subordinado ao interesse do sujeito. Mas a proflexão pode ser vista, igualmente, como forma de empatia muito útil para o "saber-viver".

4.4.5 O egotismo

O egotismo merece um estatuto particular. Ele mantém uma fronteira estanque com o ambiente antes do contato final, última resistência à qual nos agarramos para não mergulhar. Isso porque a imersão no pleno contato desencadeia muita angústia para quem teme afogar-se num "Nós" indiferenciado. O medo de perder sua identidade, o fantasma inquietante de fusão e de desaparição detona um pânico traduzido por tensões, ao invés do necessário desapego. Essa resistência é saudável, se ela permite abrandar o movimento, a fim de confirmar que se está seguro, antes de lançar-se à ação. Mas deixa de sê-lo caso reforce o hipercontrole.

O caminho terapêutico favoriza o egotismo. A possível intimidade da relação restabelece a confiança e valoriza a pessoa. A travessia de uma fase egotista, muitas vezes necessária para uma restauração narcísica, prepara para a abertura aos outros e ao mundo. No entanto, a apologia do egotismo, ao reforçar uma tendência individualista, pode conduzir a alguns obstáculos (Masquelier-Savatier, 1998). Encorajá-lo parece ser inconciliável com a perspectiva de campo e a indissociabilidade organismo/ambiente. A partir da dependência, o objetivo do crescimento não é a independência, mas o reconhecimento da necessidade que temos uns dos outros, numa saudável interdependência. Perls declara, aliás: "Assim, os seres humanos têm não somente milhares de necessidades puramente fisiológicas, mas também milhares de necessidades de relação social. É essencial perceber a importância destas relações, a fim de satisfazê-las o mas eficazmente possível. O organismo tem necessidades psicológicas de contato com os outros" (Perls, 1973, p. 25).

Os dois modos de flexão – confluência e egotismo – têm um estatuto particular: a confluência abole a fronteira e o egotismo reforça a fronteira. Tanto um como outro conduzem a uma impossibilidade de intercâmbio entre organismo e ambiente. Esses polos excessivos tendem para formas patológicas de existência, seja do lado da fusão total com o ambiente ou o isolamento autístico. Eles correspondem aos dois tipos de angústia fundamental anteriormente descritos: a angústia de absorção e a angústia de abandono. Já as três outras formas de flexão (introjeção, projeção, retroflexão) negociam as trocas de maneira mais ou menos flexível, mais ou menos sadia. O contato continua possível, embora perturbado.

5
A postura do Gestalt-terapeuta

O Gestalt-terapeuta está aí, presente, no aqui-e-agora. Sensível ao ambiente, à presença do paciente, ele concentra sua atenção sobre o que se produz "entre" eles. A psicoterapia oferece a ocasião de existir e de tomar consciência de sua existência por meio de um olhar acompanhador. Esse posicionamento fenomenológico, dando a prevalência ao ser sobre o fazer, incita o terapeuta a descobrir e desenvolver sua própria maneira de ser, com o paciente. Deixar o "fazer" para presentificar o "ser" exige aprendizagem: adquirir uma forma de confiança na certeza de que basta estar aí para permitir uma nova experiência. Esse "estar-aí" não se resume numa espera passiva e complacente, mas necessita de atenção constante aos fenômenos que emanam do encontro.

5.1 A presença

A presença do terapeuta é sua doação mais preciosa. Essa presença ativa e mobilizadora fornece ao paciente uma forma de apoio e de segurança, condição mínima para estabelecer ou restabelecer um desapego, uma respiração, uma circulação. Joseph Zinker descreve belamente essa disponibilidade:

A presença alude a esse estado particular de estar plenamente aí, com todo nosso ser, corpo e alma. É uma maneira de ser, sem nada fazer. A presença implica estar plenamente aí, aberto a todas as possibilidades [...]. A presença do terapeuta é o "fundo" sobre o qual a figura de um outro *self* pode florescer, brilhar, mostrar-se totalmente e claramente (Zinker, 2006).

A presença é um fenômeno de campo. Sylvie Schoch de Neuforn distingue "a presença diante do campo, como *awareness* de toda variação no campo, e a presença no campo que, em resposta a essas variações, contribui para criar novas configurações" (Neuforn, 1996). A presença *diante do* campo requer a atenção ao que ocorre no encontro e exige exercer os sentidos receptores e as faculdades de concentração. A presença *no* campo está imersa numa atenção flutuante, sem esforço para impregnar-se do ambiente e deixar advir uma figura. Esses dois componentes da presença, um mais organizador e o outro mais receptor, são complementares e fazem do modo médio aquele característico da presença.

A insistência sobre essa noção de presença adota um olhar sobre o indivíduo. Diferentes orientações são possíveis: uma opção refletida que pressupõe um saber prévio (postura do *expert*) e uma opção aberta (postura fenomenológica) que se desdobra no contato com o outro. Esta última visão requer uma copresença, a maneira do terapeuta fazer-se presente convoca a presença do paciente.

5.2 A consciência

Toda psicoterapia visa ao crescimento do campo de consciência. Numa aproximação fenomenológica, a consciência é o movimento que religa sujeito e mundo, numa abertura recíproca. Em Gestalt-terapia, a boa saúde reside na fluidez do *continuum* de consciência, função do contato entre organismo e ambiente. O objetivo da terapia é estabelecer ou restabelecer esse fluxo. Segundo o princípio da autorregulação organísmica, se o contato entre organismo e ambiente se desdobra sem sabotagem, não há necessidade de conscientizá-lo. A tomada de consciência não é necessária senão no caso de interrupção do fluxo e, por vezes, intervém como uma retroflexão que bloqueia a fluidez. A língua inglesa diferencia dois tipos de consciência: *awareness* e *consciousness*.

5.2.1 Awareness

A *awareness* define a consciência animal, instintiva. Esse estado de vigilância nos faz correr para escapar de um perigo iminente, ou acorrer rumo ao odor de uma boa refeição. Todos os sentidos contribuem para isso, assim como a motricidade: "É provável que nos organismos primitivos, *awareness* e resposta motora constituam um só e mesmo ato" (Perls, Hefferline, Goodman, 2001, p. 50). Para Perls e Goodman: "O contato é a *awareness* do campo ou a resposta motora no campo" (Perls, Hefferline, Goodman, 2001, p. 52). A *awareness*, faculdade de contato do *self*, funciona espontaneamente no modo médio. Os pacientes são encorajados a desenvolver essa faculdade: "Por isso, a terapia será proposta como uma situação de experimentação deliberada da *awareness*, uma forma de treinamento da *awareness* por meio da consciência-*consciousness*, para reencontrar a capacidade de ação unificada. Enquanto tal, a *awareness* é verdadeiramente um motor de cura" (Robine, 1998, p. 88).

5.2.2 Consciousness

Os fundadores precisam: "o que chamamos consciência (*consciousness*) parece ser um certo tipo de *awareness*, uma função de contato onde se produzem dificuldades ou atrasos na adaptação" (Perls, Hefferline, Goodman, 2001, p. 52). A conscientização torna-se necessária somente se o contato deixa de ser evidente, "pois se a interação na fronteira se apresenta de modo relativamente simples, há pouca consciência imediata, reflexão, adaptação motora e intenção deliberada. Mas se ela é difícil e complicada, a consciência intensifica-se" (Perls, Hefferline, Goodman, 2001, p. 86). A consciência tem uma função autorreguladora, seja por meio da tomada de consciência, que permite refletir sobre o problema e resolvê-lo de modo mais lento, seja por uma forma de retração, quando não há outro modo de tratar a questão.

O espaço terapêutico oferece um quadro favorável onde se realizam ou se frustram experiências de contato. No caso de uma perturbação ou de uma interrupção, apresenta-se a ocasião para tomar consciência do que ocorre e tecer vínculos com as *Gestalten*[17] abortadas, fixadas ou inacabadas. Esse trabalho de consciência reflexiva funciona como um exercício que restaura a capacidade de *awareness* e facilita a fluidez do contato. Trata-se daquele momento, algo mágico, em que o paciente se abre a uma descoberta surpreendente e estabelece, repentinamente, uma relação entre fatos esparsos, detona um clarão de consciência, *insight*[18] que pode ser jubilante e, por vezes, aterrorizante...

---

17. *Gestalten* é o plural alemão de *Gestalt*, ou seja, "figuras" ou "formas".

18. O termo inglês *insight*, que significa perspicácia, é usado no sentido de "iluminação" na sabedoria oriental, e empregado com frequência, na Gestalt-terapia, no sentido de um clique que abre à consciência.

A tomada de consciência associa-se a uma tomada de sentido que emerge do encontro terapêutico.

5.2.3 Consciente / não consciente / inconsciente

A Gestalt-terapia centra-se sobre a consciência capaz de figurar um ou vários elementos do fundo indiferenciado, esquecido ou reprimido. Esses elementos surgem por ocasião do encontro e ganham sentido numa coconstrução com o terapeuta. Antes de se destacarem, de tomarem forma e sentido, os elementos do fundo não são conscientes. Assim, a diferenciação entre figura e fundo, entre consciente e não consciente, torna-se importante sem que o recurso ao inconsciente freudiano seja necessário.

Entre o que paciente sabe conscientemente e o que ele sabe inconscientemente, a diferença é sutil. Com efeito, este pode declarar a propósito do que aparece na terapia: "Eu sempre o soube". Segundo a gestalt-terapeuta Joëlle Sicard, a distinção residiria entre saber – conscientemente ou não – e saber que se sabe – próprio à consciência (Sicard, 1996). Existiria uma forma de consciência antes que ela mesma se conheça. A referência à etimologia latina da palavra consciência: *cum-scire*, "saber-com", sugere a necessidade de uma presença diversa para saber que se sabe. Nesse caso, o prefixo *in* de "inconsciente" diria respeito, não ao saber, mas à relação com o outro (Balmary, 1987). Assim, a perspectiva intrapsíquica que opõe o consciente e o inconsciente seria abandonada para introduzir uma dimensão intersubjetiva, que atua no campo organismo/ambiente. Daí surge a hipótese a indicar que: quando uma experiência vivida por um paciente permanece fora do campo de consciência é porque lhe teria faltado um outro. A presença participante do terapeuta, que traz ao paciente o desejo de alcançar a consciência, permite entrar em contato com a experiência perdida.

5.3 Intercorporalidade

Insistindo sobre a noção de *awareness*, a Gestalt-terapia preconiza uma postura incarnada. A existência humana é a princípio física, feita de carne e osso. O corpo sustenta a presença no mundo, ele é maneira de ser no mundo como o afirma a referência à fenomenologia. Jacques Blaize sublinha que: "o termo consciência [...] não remete ao pensamento puro, ele significa 'modalidade de ser no mundo' e o corpo aí se encontra totalmente implicado" (Blaise, 2002, 83). Assim, a consciência é corporal: "o corpo afetado pelo ambiente encontra-se na origem do fato psíquico. O corpo é como a pele de um tambor que é sensível a tudo o que o toca e cujo som é o produto da natureza de seus constituintes e de sua organização, assim como do modo como ele é percutido" (Neuforn, 2012).

5.3.1 Ser um corpo

O gestalt-terapeuta está atento às manifestações sensoriais e corporais. Seu objetivo é permitir ao paciente habitar sua própria carne, não como um corpo-objeto a possuir, mas como um corpo-sujeito que ganha forma num movimento contínuo. Laura Perls, sensibilizada pela dimensão corporal, declara: "não se trata de utilizar o corpo, mas de ser um corpo" (Perls, 2001). Frederik Perls confirma essa asserção e insiste: "Se dizemos que nós *temos* um organismo ou que nós *temos* um corpo, introduzimos uma cisão como se houvesse um "Eu" que possui o corpo ou organismo. Nós *somos* um corpo" (Perls, 1973).

5.3.2 Intercorporar

Afeto, vivência e corpo estão intimamente mesclados. Os fundadores convidam a considerar "o advento da emoção como uma função do campo organismo/ambiente; ela não pertence apenas ao sujeito, mas surge num choque entre o interno e o externo" (Lapeyronnie, 2003). No ambiente, há o outro; e na situação experimental da terapia, há um terapeuta. Esse último sente e ressente tanto quanto o paciente. Assim, a experiência de um influencia a do outro e reciprocamente. Trata-se de uma espécie de alquimia, feita de mútuas ressonâncias e de transmissão de afetos num corpo a corpo, em cujo seio é, por vezes, difícil de separar o que seria de um ou do outro.

O conceito de intercorporeidade evocado por Merleau--Ponty dá conta dessa forma de comunicação:

> A intercorporeidade se refere ao cruzamento que se opera, secretamente, entre seu corpo e o dos outros, por meio de diversos procedimentos inconscientes, dentre os quais o da imitação ou mimetismo. Esse cruzamento faz descobrir o outro não somente a partir de fora, mas também experienciá-lo a partir de dentro, ao revelar de maneira oculta a parte invisível ou muda de seu próprio corpo (Deschamps, 2011).

Esse fenômeno, presente em toda relação, revela-se um instrumento pertinente para descrever o que ocorre entre paciente e terapeuta. Ele se define por meio (Delacroix, 2011):

- do intercâmbio de corpo a corpo, com frequência no invisível e insipiente;

- da consciência do terapeuta que busca despertar a consciência do paciente;
- da coafecção, em que a corporeidade de um abre o outro a sua própria corporeidade num movimento simultâneo e circular.

Da parte do terapeuta, vibrar em ressonância às emoções do paciente abre à intercorporeidade. Formular o que ocorre em si por ocasião do outro, de modo indireto ou de modo direto, compartindo seu próprio sentimento corporal ou emocional, em presença do paciente, integra-se à coconstrução.

5.4 Coconstrução

Paciente e terapeuta lançam-se numa aventura comum. Segundo Perls e Goodman, o contexto terapêutico provoca uma situação de urgência de forte intensidade. O encontro com o terapeuta coloca o paciente em condições experimentais. Seu mal-estar ou seu sofrimento é considerado como um ajustamento criativo. Trata-se daquilo que o sujeito pôde fabricar de melhor nas circunstâncias em que ele se encontrava, ou seja, nessa situação de urgência de forte intensidade. Posteriormente, ele tenderá a perpetuar essas condutas familiares, por mais insatisfatórias que sejam, ao invés de inventar novos meios de ajustar-se à novidade. Esse caráter crônico é referenciado por Perls e Goodman como situação de urgência de fraca intensidade. As Gestalts inacabadas continuam a agir; elas parasitam a espontaneidade, perturbam ou bloqueiam o ajustamento criativo. A intensidade do encontro terapêutico desencadeia uma nova situação de urgência de forte intensidade, que atualiza a problemática. A simples presença do terapeuta abala as Gestalts imobilizadas. Essa emergência é desestabilizante. O espaço-tempo terapêutico oferece ocasião privilegiada de desconstruir para: construir, coconstruir e reconstruir...

5.4.1 Abertura

O ritmo de aproximação implica grande abertura. Acolher a preocupação do paciente, sem julgamento, é a condição necessária ao estabelecimento de uma aliança. A necessidade explícita da busca de terapia – resolver um problema relacional ou profissional, separar-se, digerir uma separação, um luto ou trauma brutal – abre espaço, pouco a pouco, a uma demanda implícita mais íntima que conduz, com frequência, a um questionamento existencial. Validar a formulação inicial expõe o terapeuta ao risco de fechar-se numa preocupação de resolução de problemas e de bloquear a passagem à exploração. Por exemplo, deter-se na significação comum do alcoolismo, do medo, da depressão poderia confirmar evidências sem entrar na experiência singular e indizível do paciente. Para manter a abertura, é importante desdobrar, expandir, explicitar... Em termos gestálticos, a armadilha consistiria em confinar-se à expressão da função Personalidade: "o que sei de mim", privando-se do acesso à novidade: "o que ainda não sei..."

Essa abertura supõe:
- "Rastelar o fundo": recolher os elementos da situação, reunir os pedacinhos esparsos, acolher a diversidade da experiência sem pressuposto e sem projeto.
- "Desacelerar": explorar o fundo permite a emersão de uma figura significante. Se o terapeuta mergulha na primeira pista, corre o risco de dar sua própria forma.

- "Varrer a casa toda": levar em consideração a complexidade da situação. Não buscar explicação causal. Nenhuma pista deve ser negligenciada.

A construção de uma figura clara depende de suas condições. A arte do terapeuta consiste em contribuir na construção de uma Gestalt clara e impactante, sem colocar-se em destaque. Essa abertura, necessária inicialmente, pode dar lugar a mais firmeza e confrontação, uma vez que a figura se destaca e que se ataca o trabalho.

Essa atitude requer uma forma de abstenção. Certos gestaltistas adotam essa reserva, semelhante à distância da postura analítica, encorajando a livre associação e a exploração intrapsíquica. Eles insistem sobre o respeito de uma fase de reprodução, permitindo a vinda e a expansão dos desafios transferenciais: "o terapeuta deve ser suficientemente polimorfo para permitir que o cliente[19] reproduza com ele os trajetos ou os impasses que lhe são familiares e que, aliás, o conduziram até a terapia" (Delisle, 1995). Segundo esse roteiro, a relação terapêutica ótima passa de uma fase de reprodução, em modo transferencial, a uma fase de reconhecimento, a fim de dar sentido aos desafios numa elaboração comum, chamada de fase de reparação[20]. Essa visão supõe que o paciente projeta seu mundo interno sobre a situação terapêutica, hipótese que tende a conceber os acontecimentos em termos de repetição.

---

19. A palavra "cliente" sublinha a retribuição que recebe o prático em troca de seus serviços, e é empregada comumente no trabalho social e em psicoterapia. No entanto, a relação comercial subentendida por esse termo conduz alguns a preferirem "paciente" (aquele que sofre) ou "consultante".

20. Psicoterapia gestáltica das relações de objeto (PGRO).

Numa perspectiva de campo, a situação é considerada em sua novidade e singularidade; trata-se de uma produção criativa. O "Isso da situação" emerge a partir da copresença. A maneira de intervir própria ao terapeuta, rápida ou lenta, deve ser considerada como fenômeno de campo que não depende apenas de sua iniciativa, mas da situação comum. Assim, as hesitações e derrapagens não são "falhas" mas trazem material para uma exploração em conjunto. Olhar o desenrolar dos fatos de maneira fenomenológica alivia o terapeuta que trabalha em modo médio. Ele não se vê obrigado a proezas, tem o direito de errar. Ele pode mudar de opinião e dar marcha à ré. Essa postura permite sair de uma visão individualista em que o terapeuta seria o único responsável pelo conjunto da situação.

5.4.2 Partir do indiferenciado

A atenção dada às formulações permite um caminho progressivo junto ao paciente. A delicadeza na expressão verbal do que sentimos expressa respeito pelo processo. Algumas pistas se destacam:

- Constatar o que ocorre com fórmulas evasivas ou descritivas como: "há", "diríamos que", "faz...", para manter um ambiente fluido antes que uma forma mais precisa possa emergir. Permanecer no "nós" e no "a gente" permite um sentimento de proximidade, sem pressa de diferenciar-se.
- Empregar formas gramaticais abertas, como o futuro do pretérito, os pontos de interrogação e as reticências, formas indiretas como "talvez...", "parece que", "poderíamos crer que", "eu imagino...". As metáforas e o humor são bem-vindos. Mesmo com essas precauções, é importante

poder recuar e retirar uma formulação inadequada, reconhecendo humildemente: "ah, não é isso", "eu pensava que...", "eu me enganei", "nós desviamos do assunto".
- Descrever e comentar o que ocorre, de preferência a questionar. Com efeito, o interrogatório do tipo "O que você sente?" reforça a inibição do paciente e corre o risco de provocar (no outro) o embaraço de não saber responder.

A herança perlsiana da Gestalt-terapia encoraja a responsabilização do paciente por meio de formulações diretas e de injunções como "dizer eu", "dirigir-se a alguém", "tornar preciso seu pensamento", mas a prática mostra que tais tendências apressam o movimento, ao invés de acompanhá-lo. A experiência conduz a permanecer no indiferenciado do "Nós" antes de diferenciar-se numa forma dialogal Eu/Tu. Proceder desse modo combina com a perspectiva de campo e parece ser uma estratégia a favorizar o desapego.

5.4.3 Construção de sentido

O sentido da experiência constrói-se numa interação entre o paciente e o terapeuta. Buscar compreender é o objeto da hermenêutica. Consagrada à descoberta de significações escondidas ou subterrâneas, ela se abre igualmente à construção de sentido, com uma preocupação existencial. Essa investigação exige desfazer-se da crença numa verdade a descobrir. A construção de sentido revela-se ao mesmo tempo simples, pois paciente e terapeuta colaboram numa busca conjunta, e complexa, pois não há um sentido a revelar como num caminho místico. O sentido não preexiste, elabora-se no presente da cocriação. A procura de sentido abre um questionamento compartilhado com os outros humanos e não somente numa luta com a história individual. O diálogo hermenêutico abre o acesso a múltiplas leituras, pois um mesmo fenômeno pode ser interpretado diferentemente por outrem, em outro tempo, em outro lugar (Delisle, 1998, p. 153). Em consequência, o sentido dado à situação presente é fruto de um encontro efêmero. Constrói-se num processo e não deve ser buscado no conteúdo. Teoria do campo e hermenêutica convergem, ambas interessando-se pela interpenetração dos espaços pessoais e culturais. A busca de compreensão passa pela interpretação, que não deve abster-se de um cenário sociocultural. Os eventos da vida são decriptados em função das crenças e dos valores. Essa coconstrução impele a clarificar os pressupostos para tentar desprender-se deles e criar algo novo. Como seu paciente, o gestalt-terapeuta é forçado a esse trabalho de questionamento que impele a destruir para construir... (Staemmler, 2004).

5.4.4 Desvelamento

A melhor ferramenta da coconstrução é o desvelamento do terapeuta. A presença do paciente no campo de experiência do profissional influencia suas próprias emoções. Sensações despertam, emoções são experimentadas em face desse outro: deixar-se incomodar e manifestar uma expressão ou gesto negativo, distrair-se e ser capturado em devaneios pessoais. As modalidades da presença devem ser consideradas como efeitos de campo. Elas não são imputáveis apenas ao terapeuta, mas se conjugam por ocasião da situação compartilhada. A distração ou os pensamentos do terapeuta vêm da situação e trazem elementos de informação. A oportunidade de comunicar essa *vivência* é o que deve ser questionado.

Queira ou não, o terapeuta se desvela, expondo-se ao olhar, à escuta e a toda atenção sensorial de seu paciente. Mesmo entrincheirado na neutralidade ao abrigo do olhar, sua simples presença no espaço revela algo de si e influencia o desenrolar do processo. No entanto, há diferença entre:

- O desvelamento inerente à existência do terapeuta que se mostra: em sua maneira de apresentar-se, de vestir-se, de decorar seu ambiente; nos momentos transitórios como a chegada, a partida, os intervalos entre as sessões; nos encontros fortuitos na rua, na cidade, em seus lazeres e, algumas vezes, em seus engajamentos associativos e cidadãos.
- E o desvelamento deliberado e ajustado como uma ferramenta a serviço do processo terapêutico. O terapeuta escolhe compartilhar sua *vivência* ou transmitir elementos de sua vida privada. Segundo quais critérios entregar-se ou esconder-se, dizer ou não, mostrar ou reservar? A sutileza da gestão desse desvelamento merece que nos detenhamos nele.

Historicamente, os Gestalt-terapeutas favoreceram a abertura, com base no princípio de que a autenticidade do terapeuta, em qualquer forma, seria benéfica para o paciente. No entanto, hoje parece que essa autorização está levando a certos abusos e que é útil esclarecer os limites e a oportunidade desse desvelamento. Laura Perls já chamava a atenção para a necessidade de reserva:

> Nem sempre expresso meus sentimentos e atitudes ao paciente [...]. No que vejo e ouço, compartilho apenas o que me parece propício a facilitar o passo que o paciente terá de dar, e lhe servirá para assumir o risco necessário

no contexto de sua disfunção atual [...]. Só falo sobre meus próprios problemas ou experiências de vida, ou sobre os de outras pessoas, se acreditar que isso dará apoio ao paciente e o ajudará a entender melhor sua situação e seu potencial, se isso puder ajudá-lo a dar o próximo passo (Perls, 2001, p. 87).

O gestalt-terapeuta americano Stephen Zahm elabora um inventário dos diferentes modos de desvelamento do terapeuta, mostrando com precisão o interesse e o risco de cada um desses modos: apoio, validação, compaixão, confronto, parceria e experimentação (Zahm, 1999). Serge Ginger, um dos iniciadores da Gestalt-terapia na França, propõe uma postura de envolvimento controlado, em que o terapeuta se compromete e se expressa na primeira pessoa. O desvelamento de elementos da vida pessoal torna o terapeuta um modelo de identificação e corre o risco de gerar uma série de introjeções no paciente. Jean-Marie Robine impõe uma série de restrições a essa desvelamento (Robine, 2004):

- limitá-lo ao aqui e agora da situação;
- enunciá-lo de tal forma que ele não se torne uma figura na experiência atual, mas permaneça como material de fundo que alimentará e certamente influenciará a figura que o paciente está construindo na situação;
- filtrá-lo por meio de sua teoria de referência e do trabalho realizado sobre si mesmo, por meio de terapia pessoal e de supervisão.

Todas essas reservas exigem prudência. A arte do Gestalt-terapeuta emerge no gerenciamento desse desvelamento. A revelação do que é vivenciado no aqui e agora é uma verdadeira dádiva; chegando no momento certo, ela descongela situações congeladas do passado, abrindo caminho para a mobilidade do futuro, ligando o paciente ao terapeuta e, portanto, ao ambiente e à história. De uma perspectiva de campo, de acordo com os princípios da contemporaneidade e do processo mutável, a ideia ou o sentimento que surge no terapeuta num determinado momento pertence à situação como um todo. Dessa forma, a vivência do terapeuta e sua expressão atuam como revelador do que está acontecendo. Isso levou Jean-Marie Delacroix a dizer que não se trata do desvelamento do terapeuta, mas do desvelamento por meio do terapeuta (Delacroix, 2011). A verbalização emitida por um ou outro parceiro, com base em sensações corporais ou sentimentos emocionais, concerne à situação em andamento, da qual eles são cocriadores.

5.4.5 Na prática

Seria mais apropriado chamar essa troca de uma "aparição" ou "demonstração" em vez de um "desvelamento " propriamente dito. É a situação que gera e condiciona o surgimento dessas manifestações. O terapeuta se oferece como uma caixa de ressonância para a experiência emocional emergente e pode escolher deliberadamente se quer ou não comunicar sua "experiência" da situação. Não há um imperativo de verbalização. Aqui estão algumas modalidades de acolhimento e de expressão da parte do terapeuta:

- *Acolher*: permitir-se experimentar e reconhecer seus próprios sentimentos corporais e emocionais; aceitar ser o repositório de sensações e emoções que estão presentes; não há necessidade de verbalizar nesse caso.

Exemplo: "Estou sentindo tensão ou aperto no estômago ". Aceitar essa sensação pode ser suficiente para que o paciente fale sobre sua própria tensão e, talvez, sobre sua dor de estômago. Quando o terapeuta reconhece seu medo, o paciente pode sentir o seu próprio medo.

- *Manifestar*: perceber, mostrar e expressar espontaneamente emoções por meio de reações físicas, mímica ou gestos, como rir, sorrir, fazer careta, levantar os braços para o céu ou deixá-los cair, ou ainda usar onomatopeias ou interjeições como "Oh! Ah! Certo! Veja!"
Exemplo: Ao expressar surpresa por meio de um gesto ou uma exclamação, o terapeuta provoca uma interrupção no fluxo do paciente, o que provavelmente suscitará perguntas.

- *Verbalizar*:
  – Usar formulações vagas, indiferenciadas e globais (consulte a p. 96).
  Exemplo: "Há medo", "Parece medo", "É assustador", "A gente tem medo", "Poderíamos estar com medo?" Essas formulações incluem tanto o paciente quanto o terapeuta.
  – Usar formulações indiretas, como comparações e metáforas.
  Exemplo: "É como uma prisão", "Parece uma briga de rua", "Lembra uma fábula", "Medo do lobo", "O lobo e o cordeiro", e assim por diante.
  – Use linguagem direta, falando sobre sua experiência na primeira pessoa.
  Exemplo: "Quando você diz isso, sinto meu estômago apertar, e você?", "Como se eu estivesse com medo",

101

"Tenho medo por você". O terapeuta pode partilhar no primeiro nível: "Como é para você?", "Isso faz sentido?". Ou no segundo nível: "Isso é assim como lhe digo?"

Essas maneiras de intervir e formular exigem todo um aprendizado para adquirir uma forma de expressão alinhada com a "linguagem do campo". Com isso em mente, o treinamento contínuo para terapeutas é útil, pois é praticando que aprendemos, e a supervisão é essencial para tomar distância do processo terapêutico.

5.5 Experiência

A primazia da experiência é evidente desde a primeira linha da obra *princeps*: "A experiência está na fronteira entre o organismo e seu ambiente", e influencia toda a prática do Gestalt-terapeuta.

5.5.1 Declinações da experiência

A experiência abrange diferentes significados, desde os mais subjetivos até os mais construídos.

A experiência atual, no processo de ser vivida, é o que chamamos de *vivência*. "Viver uma experiência" é acompanhado por uma procissão de reações sensoriais e emocionais que se apoderam do indivíduo independentemente de sua vontade e tentativa de controle. A situação terapêutica é experiencial, no sentido de uma nova aventura com o terapeuta.

Outra maneira de considerar a experiência é tentar algo. Tudo se resume em "fazer uma experiência". Nesse sentido, ela se torna sinônimo de experimentação. Uma das características específicas da Gestalt-terapia é que ela fornece uma estrutura e instruções que incentivam a ação em função do problema trazido pelo paciente.

Um último aspecto define a experiência como a prática da qual deriva o conhecimento: "ter experiência" numa ou outra questão. Todas as formas de aprendizado estão enraizadas numa experiência sensível. A experiência de uma ação num ambiente terapêutico pode ser transposta para a vida cotidiana.

A posição fenomenológica ancora-se na experiência como o único acesso ao mundo. Do ponto de vista do pragmatismo, esse convite é concretamente incentivado. Com base nessas duas raízes filosóficas, em termos gestálticos, a experiência diz respeito tanto ao vivido subjetivo que emerge de uma determinada situação (o Isso da situação) quanto à assimilação desses vividos num processo de crescimento (função Personalidade). A função Ego entra em ação na consciência do que está acontecendo, na intenção de repetir a ação ou renová-la. Focalizar-se no vivido subjetivo significa centrar-se num ser no mundo e não num sujeito separado do mundo. As diferentes formas de praticar a Gestalt-terapia privilegiam a experiência: tanto a dos pacientes como um dado precioso, mas também a experiência sensível que surge no aqui e agora da sessão como uma alavanca terapêutica essencial.

5.5.2 Diferentes orientações

Há um consenso emergente entre os terapeutas da Gestalt de que a experiência deve ser valorizada como um recurso. No entanto, há variações na maneira como ela é vista e tratada. A ênfase pode ser colocada em:

a) A novidade da experiência. A proposta de experimentos incentiva experiências novas e assimiláveis. A originalidade da Gestalt-terapia oferece a oportunidade de vivenciar os problemas de forma nova, exercitando o potencial criativo de cada um. Diversos experimentos – jogos, exercícios, recursos de expressão, dramatizações, monodramas, psicodramas e a célebre cadeira vazia – ajudam a colocar as questões em foco e a ampliar as emoções. Essas situações são herdadas dos métodos psicodramáticos pioneiros de Moreno, enquanto a busca pela liberação emocional é semelhante às técnicas reichianas. Perls se inspirou nessas duas correntes para fundar sua prática experimental. Estamos falando aqui de experimentação, na medida em que a proposta do terapeuta, na posição de gestor, visa a um projeto deliberado. A ênfase no aqui-e-agora e depois... sustenta a função Ego na escolha e na responsabilidade. Essa maneira de lidar com a experiência parece estar de acordo com a herança perlsiana[21].

b) Experiência passada. Considerar a experiência atual como condicionada por experiências passadas permite olhar para o passado e nos sentirmos melhor hoje. A teoria da Gestalt inacabada – destacada pelos pesquisadores da Gestalt-psicologia – que incentiva a reprodução de situações não resolvidas, alimenta essa orientação. Nessa hipótese, o terapeuta, preocupado em descobrir a origem dos distúrbios, propõe uma exploração do passado, permanecendo atento à reprodução de cenários obsoletos no relacionamento terapêutico atual. A transformação de situações repetitivas é possível graças à qualidade do relacionamento terapêutico, que permite superar os impasses relacionais.

---

21. Corrente difundida representada na Europa por S. Ginger e G. Masquelier, que criaram a Escola Parisiense de Gestalt (EPG).

A ênfase na história do indivíduo dá importância ao trauma e mantém a ideia de reparação. Essa posição reforça uma perspectiva intrapsíquica que torna necessária a articulação da abordagem gestáltica às contribuições psicanalíticas (questões de desenvolvimento, relações objetais)[22].

c) Experiência corporal. A encarnação de toda experiência torna o gestalt-terapeuta atento às sensações corporais e emocionais manifestadas na gestualidade e na motricidade. Essa porta de entrada dá acesso ao que acontece a montante das representações e da simbólica linguageira com as quais a função Personalidade está familiarizada. O despertar das sensações, as manifestações corporais e suas flutuações são levadas em conta no decorrer da sessão: observá-las, sublinhá-las e eventualmente amplificá-las permite que sejam interceptadas, conscientizadas e que lhes seja atribuído um sentido. A copresença encarnada do paciente e do terapeuta evidencia o fenômeno da intercorporalidade. Esse interesse na consciência corporal se desenvolve atualmente na órbita impulsionada por Ruella Frank, que leva a observação até a identificação do impacto corporal nos adultos dos traços impressos durante o desenvolvimento da criança (Frank, 2012). Com sua ênfase na concentração e nas sensações, a terapia Gestalt está alinhada com outras abordagens contemporâneas que levam em conta a sensibilidade e a consciência corporal[23].

---

22. Opção da psicoterapia gestáltica das relações de objeto (PGRO), recentemente denominada "psicoterapia do vínculo", lançada pelo canadense G. Delisle, ministrada no Campo G (Roubaix). Essa também é a orientação da Gestalt+ (Rennes). De outra forma, a escola Saber-Psi (Paris) articula a psicologia junguiana com a Gestalt-terapia.

23. Entre elas estão a *Focusing*, a *Somatic Experiencing* e a *Mind Fullness*.

d) Experiência existencial. Os gestalt-terapeutas dão importância especial aos fatores existenciais incontornáveis e inerentes à condição humana, como o confronto do indivíduo com sua finitude, incompletude e solidão. Diante dessas restrições, o indivíduo é colocado à prova em sua responsabilidade, suas escolhas e o exercício de sua liberdade. A angústia existencial exerce pressão sobre o futuro de cada pessoa e pode funcionar como aguilhão que move a dar sentido à existência. A abordagem terapêutica não tem como objetivo eliminar essa angústia, mas atravessá-la. O momento crítico é então visto como um mobilizador de mudança. O terapeuta acompanha esse desconforto, que leva a encontrar novos recursos e, às vezes, desemboca em novas direções. Assim, além da crise, a situação terapêutica oferece uma oportunidade para distanciar-se e refletir sobre o sentido da vida. Nos inícios da Gestalt-terapia, Laura Perls, impregnada da filosofia existencial, propôs o nome "Terapia Existencial"[24].

e) A atualidade da experiência numa perspectiva de campo. A ênfase está na novidade compartilhada com o Gestalt-terapeuta, nessa situação específica (presença, atmosfera, momento, cenário) que é coconstruída a cada momento em função da experiência conjunta dos dois protagonistas. Cada um é simultaneamente afetado e afetando. Não se trata de uma experiência comum, porque cada um a vive à sua maneira, mas de uma

---

24. Próximo a essas ideias, o psicanalista americano Irvin Yalom deu a seu livro o título de *Terapia existencial* (1980). Na Europa, esse movimento é liderado por Noël Salathé (1929-2012), que definia a Gestalt-terapia como uma "filosofia clínica". Seus discípulos continuam esse trabalho no grupo Artex (atelier de recherche sur la thérapie existentielle [O que traduzido significa: "oficina de investigação sobre a terapia existencial"]).

experiência sensível a integrar a mutualidade das influências. Essa mudança de paradigma, passando de uma representação intrapsíquica para uma perspectiva de campo, deve-se à contribuição de Paul Goodman, que dessa forma infletiu os inícios da Gestalt estabelecidos por Perls. Essa postura aprofunda a abordagem fenomenológica[25]. Idealmente, ela inclui os componentes descritos acima, considerando uma temporalidade que favorece a novidade, atualiza o passado e integra a dimensão corporal à experiência, ao mesmo tempo em que insiste na flexibilidade desses parâmetros na situação presente.

Essa diversidade nas opções e práticas reflete a flexibilidade da Gestalt-terapia, que autoriza a liberdade de estilo e rejeita o dogmatismo. Assim, dependendo de como a experiência é tratada, surgem diferentes tendências na França, segundo as personalidades dos líderes e das escolhas dos institutos de treinamento.

---

[25]. Investigação encorajada na França pelos trabalhos de J.-M. Robine e J. Blaize, mencionados neste livro. Esse ensinamento é ministrado no IFGT (Bordeaux, Nantes) e no Instituto Grefor (Grenoble).

6
A atualidade da Gestalt-terapia

A Gestalt-terapia chegou à França na década de 1970, na onda de novas terapias carregadas pelo Movimento do Potencial Humano, um desdobramento direto do movimento humanista da psicologia nascido nos Estados Unidos. Mas sua identidade reside sobretudo em sua visão do indivíduo, baseada nos fundamentos filosóficos anteriormente desenvolvidos, visão que leva a um afastamento do paradigma individualista e a uma abertura à perspectiva do campo. Essa mudança tem um profundo impacto na concepção de saúde e na vida social.

6.1 A psicologia humanista

O movimento da psicologia humanista identifica-se como a versão americana da psicologia existencial, no início dos anos 1960. Ele abriu um caminho inovador entre o behaviorismo, apoiado por descobertas estimulantes na psicologia experimental, e a psicanálise erudita, que se tornou altamente medicalizada e institucionalizada no contexto norte-americano. Por um lado, o behaviorismo reduz o indivíduo a um mecanismo sofisticado que responde ao esquema causalista estímulo-resposta. Por outro lado, a psicanálise reforça uma visão pessimista do indivíduo determinado por seu passado. Nesse contexto, um punhado de psicólogos propõe "uma terceira força" chamada "psicologia humanista", em referência aos valores humanos do Renascimento, um período entusiástico de confiança no indivíduo. Esse movimento desenvolve-se na interface das dimensões psicológica e sociológica. Com efeito, o interesse pela psicologia social vê-se aumentado pelo fato de que os Estados Unidos, em plena expansão econômica, devem gerenciar a integração de todos na mistura multicultural relacionada à imigração em massa. Essa sensibilidade às preocupações sociais é também a de Fritz Perls, e especialmente de Paul Goodman, que estiveram envolvidos nesse movimento. Os líderes foram Abraham Maslow e Carl Rogers. Muitos métodos e técnicas de desenvolvimento pessoal multiplicam-se nessa esteira.

Essa dinâmica está alinhada com as aspirações do movimento de contracultura que reúne multidões de jovens contestadores não violentos, na atmosfera criativa e musical de grupos hippies, em oposição à Guerra do Vietnã e aos valores da sociedade de consumo. O panfleto de Goodman, *Growing up absurd* (*O absurdo em desenvolvimento*), surge em momento oportuno nesse contexto. Os ventos da rebelião espalham-se, por sua vez, para a Europa e a França, onde provocam a revolução de 1968, na qual era agitado o livreto de Wilhelm Reich: *Ouça, homenzinho!* Assim, a evolução social e o desenvolvimento pessoal estão associados a esse espírito libertário.

6.2 Concepção de saúde

A maioria das teorias psicológicas concebe o indivíduo como uma entidade separada, incluindo a psicologia humanista quando valoriza o potencial individual. A proposta da Gestalt insiste no devir do indivíduo em processo de constituição, numa troca constante entre organismo e ambiente. Ela contesta a visão individualista e solipsista herdada da tradição filosófica ocidental. Esse convite à conversão do modo habitual de pensar abala, ao mesmo tempo, a concepção de saúde e de vida social.

6.2.1 Saúde e patologia

Na perspectiva da Gestalt, todo sintoma começa com um ajuste criador. É uma solução inventada pelo organismo em determinadas circunstâncias ambientais. O sintoma acena, chama a atenção e propõe questões. O tratamento ou erradicação do sintoma corre o risco de matar aquilo que busca encontrar sentido. No entanto, se a aparência do sintoma é criativa, a persistência do sintoma torna-se conservadora. O caráter crônico do mal-estar ou da doença reflete a incapacidade de lidar com a novidade e de inventar novas formas. A patologia é então definida como um confinamento ligado ao fato de não mais poder atuar de outra forma.

Em todos os momentos, diferentes correntes de pensamento se chocaram para pensar a patologia. Num extremo, a doença é atribuída a um ambiente nefasto, no outro é explicada por um déficit orgânico. Quanto à Gestalt-terapia, ela está ligada à corrente da psiquiatria fenomenológica que "pensa a doença mental sem separá-la da questão da existência, da construção do sentido, da consciência, da questão do ser" (Deshays, 2012). Essa concepção, que ultrapassa o dualismo entre *psyché* e *soma*, considera a doença como uma modalidade de existência, e não como uma deficiência; e que pode reivindicar seu direito de ser uma forma de existência humana (Gadamer, 2006).

6.2.2 Retorno sobre a postura

Goodman chama de autorregulação organísmica a adequação dinâmica natural entre o organismo e o mundo (Vincent, 2001). Essa concepção holística estimula a capacidade de cada pessoa de se curar, ou seja, de recuperar o equilíbrio. O terapeuta contribui para essa recuperação, graças ao cuidado com o existente e ao respeito pelo vivente, mas ele é apenas um agente de mudança. A cura eventual não cabe apenas ao cuidador, mas à natureza que ajuda a si mesma.

Como resultado, o terapeuta da Gestalt não está preocupado em reparar o déficit, mas em colocar as formas fixas de volta em movimento. Seu recurso é oferecer-se como parceiro relacional para evitar impasses repetitivos. Assim, sua postura deixa o modelo tradicional de um especialista que sabe mais do que o outro, para se envolver na imprevisibilidade de uma aventura comum. Visa uma postura de diálogo "Eu/Tu" que o faz existir diante do paciente, enquanto o modelo médico endossa um "Eu/Isso" que tende a objetificar o paciente (Buber, 1969). No entanto, não se trata de negar a assimetria, uma vez que cliente e terapeuta não são movidos pela mesma motivação. Um expõe seu sofrimento ao outro que o acolhe, um dirige a palavra ao outro e o paga. Essa diferença de status faz parte da situação.

6.2.3. Objetivo da terapia

A finalidade da terapia difere de acordo com as expectativas do paciente e os diferentes modelos de cuidado propostos. Diante do sofrimento, várias atitudes são possíveis (Neuforn, 2012).

O modelo médico clássico volta-se para a cura, ou seja, a redução ou cessação do sintoma. O objetivo é voltar ao estado inicial, livre de todo sofrimento. A nostalgia de um estado anterior ideal direciona as investigações para o passado. A terapia, então assimilada a um tratamento mágico como um medicamento, seria uma reparação.

O modelo social contemporâneo aponta para a realização total. A norma de felicidade retratada pela mídia idealiza a possibilidade de bem-estar e desvaloriza qualquer desvio dessa representação. A esperança diz respeito a um futuro ideal e a terapia, a serviço do mito social da "euforia perpétua" (Bruckner, 2000), emprega infinidade de técnicas voltadas ao maior bem-estar.

Um modelo transformador se propõe a atravessar o sofrimento e dar-lhe sentido. O mal-estar oferece a ocasião de tomar consciência de algum processo em curso, graças à presença do terapeuta. A crise pode ser vivida como um motor de mudança, se for acompanhada.

Os dois primeiros modelos submetem o terapeuta à eficiência e à expectativa de resultados. Apenas o terceiro modelo, o da Gestalt-terapia, abre à imprevisibilidade. Dirigindo-se ao ser humano em sua singularidade e complexidade, a terapia não pode prever tudo, nem colmatar a angústia inerente à condição humana, cuja pretensão de cura seria ilusória. Impõe-se uma mudança de paradigma que se afaste da concepção tradicional de cuidado, inclinada a tudo resolver (Brissaud, 2010).

6.3 Descobertas das neurociências

As descobertas recentes das neurociências apoiam as prefigurações apresentadas pela Gestalt-terapia. O estudo das imagens cerebrais põe em evidência a plasticidade do cérebro, cujas conexões são continuamente recompostas de acordo com estímulos ambientais. Várias observações são particularmente relevantes para uma melhor compreensão do funcionamento cerebral e, especialmente, para a compreensão do impacto da terapia nas transformações neuronais.

6.3.1 Emoção e cognição

Variações no estado emocional estão correlacionadas com a ativação de áreas cerebrais, detectadas por meio de imagens do cérebro. O impacto das emoções, positivas ou negativas, potencializa a memória, estimula as cognições e enriquece a comunicação (Panksepp, 2004). Algum estresse é necessário para registrar a experiência. As redes neurais que são ativadas repetidamente criam uma espécie de circuito usual. Novas experiências permitem criar novos circuitos, e sua renovação permite integrar novas formas de funcionamento. Esta pesquisa valida a teoria das Gestalts fixas e a do ajuste criador que requer abandonar caminhos conhecidos para abrir novas passagens.

6.3.2 Empatia

Desde a década de 1990, destaca-se a existência de neurônios-espelho na espécie humana (já descobertos em macacos e aves). Esses neurônios são ativados quando um indivíduo realiza uma ação ou quando observa outro indivíduo realizando a mesma ação (Rizolatti, 2007). Participam de processos de aprendizagem (imitação) e afetivos (ressonância). Na empatia, o papel dos neurônios-espelho responsáveis pela ressonância emocional é combinado com a atividade do córtex frontal, que nos permite representar o estado do outro. O sistema hormonal, especialmente a ocitocina, contribui para essa habilidade. Dessa forma, confirmam-se os efeitos de campo e de comunicação não verbal em jogo na relação terapêutica.

6.3.3 Afinação

A maioria das trocas entre a criança e sua mãe ocorre num modo sensorial chamado "protoconversa", no qual o tato, o tom e a melodia são mais importantes do que o significado da fala. Essas modalidades, que concernem sobretudo a sensibilidade do cérebro direito, participam da afinação de que fala Daniel Stern em relação à regulação afetiva (Stern, 1989). Hipóteses psicanalíticas sobre relacionamentos precoces, em particular a noção de apego desenvolvida por Bowlby, são assim confirmadas por estudos sobre a biologia do cérebro.

6.3.4 Relação terapêutica

Experimentos têm mostrado a mobilização de áreas cerebrais e mudanças estruturais no cérebro ao longo da psicoterapia. O trabalho de Alan Schore mostra que o vínculo entre paciente e terapeuta é primordial (Schore, 2003): o paciente faria na terapia o que o bebê faz com a mãe. O processo de mudança baseia-se em cinco fatores, correlacionados com a postura do Gestalt-terapeuta (Delisle, 2011):

- estabelecer uma relação tranquilizadora para permitir o abandono (qualidade de presença);
- dirigir-se às regiões subcorticais por meio do viés das sensações (*awareness*);
- manter uma situação de leve estresse (novidade da situação);

- ativar simultaneamente a emoção e a cognição (*consciousness*);
- coconstruir a experiência e sua narração (escuta-reflexa do terapeuta).

A importância do despertar sensorial, corporal e emocional é apoiada por meio de descobertas neurofisiológicas, bem como a legitimidade do envolvimento do terapeuta como eco à presença do paciente. As neurociências inauguram uma verdadeira mudança no olhar sobre o indivíduo, que não pode mais ser considerado como entidade separada, mas como o resultado de contínuo intercâmbio com seu ambiente, o que vem confirmar, cinquenta anos depois, as intuições iniciais da Gestalt-terapia.

Conclusão
O compromisso do terapeuta da Gestalt

Ousar o caminho da Gestalt-terapia não tem como meta apenas a realização individual, mas concerne à relação do indivíduo com o mundo. O conceito tradicional de cuidado, que busca resolver ou remediar, é apoiado pela evolução da ciência, que desenvolve um conhecimento sobre o indivíduo por meio de várias disciplinas. Esses progressos alimentam uma tendência de controlar e normalizar os comportamentos numa preocupação de proteção e de precaução. A proposta Gestáltica distancia-se dessa tendência à especialização e abre-se à incerteza. O indivíduo não existe por si só, ele existe apenas em sua relação com a alteridade; ele não se desenvolve sozinho, mas num campo de ressonâncias e interações, como confirmam as descobertas das neurociências. A consciência das modalidades de intercâmbio entre o indivíduo e seu ambiente é a ferramenta privilegiada do Gestalt-terapeuta. Os efeitos dessa prática não se limitam à intimidade do consultório profissional, mas se infundem e se difundem pela cidade e pela sociedade, mudando coletivamente a visão e a assimilação dos eventos.

1 Na prática

Grande número de pessoas treinadas em Gestalt-terapia põe-na em prática em seu ambiente profissional, seja como assistentes sociais, professores ou cuidadores, mas também no setor comercial ou industrial. Impregnar-se da postura gestáltica transforma as relações sociais e a maneira como vemos o mundo, onde quer que estejamos. As associações e os círculos políticos também se beneficiam.

Fiel às suas origens, a Gestalt-terapia harmoniza-se bem com práticas artísticas ou expressivas, como dança, teatro, humor e artes plásticas. Ela favorece a criação de figuras, na busca estética por forma e existência, e dá sentido a toda produção criativa. Combinada a diversas técnicas, ela se integra no amplo campo do desenvolvimento pessoal.

2 Na terapia individual

A profissão liberal do Gestalt-terapeuta ocorre em ambiente semelhante ao de outras abordagens psicoterapêuticas (consultório, ritmo, pagamento), com relativa flexibilidade de meios em função do contexto ou do momento. A terapia Gestalt se presta ao trabalho com indivíduos, casais e famílias. Ela também acolhe crianças e adolescentes. Mas o respeito e a coerência do contexto terapêutico requerem algumas regras deontológicas. Por exemplo, um terapeuta que atende um casal repercutirá com um colega a demanda individual de um ou outro membro da díade, e o mesmo procedimento se aplicará para uma família. Por outro lado, se o compromisso for pessoal, o profissional encaminha o cônjuge, os pais ou a família para outro lugar. No entanto, no caso de terapias infantis, é importante dar aos pais um lugar e, às vezes, apoiá-los no exercício da maternidade-paternidade. A particularidade de cada situação e os eventuais ajustes aos acontecimentos são trabalhados nas sessões de supervisão indispensáveis ao profissional.

3 No grupo terapêutico

O grupo terapêutico é uma especificidade da Gestalt-terapia desde sua origem. A situação de grupo intensifica e diversifica as modulações de contato e favorece as experimentações. Várias tendências se manifestam:

- A Gestalt em grupo favorece sequências de trabalho individual diante do grupo, dando a este a função de ressonância e a ocasião de interagir no momento do *feedback*[26].
- A Gestalt de Grupo centra-se na dinâmica grupal. Os indivíduos não são prematuramente diferenciados. O grupo tem uma existência própria que é maior do que a soma dos indivíduos[27].
- A Gestalt de Grupo leva em conta o que emerge em cada indivíduo na situação grupal, que é terapêutica por si só: "É o grupo e não a vida dentro dele que faz a terapia" (Béja, 2013).

4 Na organização

Surge uma demanda da parte de empresas e de instituições que precisam desenvolver as competências de comunicação e criatividade. A Gestalt-terapia, que é sensível à articulação entre

---

26. Modelo perlsiano praticado por A. e S. Ginger.
27. Modelo proposto por J. Van Pévenage, baseado na Gestalt-terapia de grupo ensinada em Cleveland.

o individual e o coletivo, oferece alavancas eficientes para uma transformação. Há várias aplicações possíveis:
- análise da prática profissional ou acompanhamento de equipe nas estruturas educacionais e psicossociais que dependam da educação, da saúde ou da justiça;
- consultoria em empresas ou gestão de disfunções, ligadas a questões de poder pessoal e econômico;
- o *coaching*, que oferece acompanhamento e perspectiva a alguém que se encontre em contato com jogos institucionais fora de seu controle.

5 Ética e deontologia

A questão do status legal do psicoterapeuta tem mobilizado intensamente as organizações corporativas, que concordam com cinco critérios de validação:
- terapia pessoal na abordagem escolhida;
- treinamento específico fornecido por Institutos de formação em Gestalt-terapia;
- reconhecimento por seus pares, graças a um procedimento gerenciado pelas instâncias federativas da Gestalt-terapia (Sociedade francesa de Gestalt ou Colégio Europeu de Gestalt-terapia);
- supervisão contínua por um membro aprovado pelas instâncias citadas acima;
- adesão ao código deontológico em vigor nessas instâncias.

Essas condições garantem a segurança na qual se baseia e se constrói a confiança no Gestalt-terapeuta. No caso de uma disputa, é possível recorrer a essas instituições.

6 O lugar da Gestalt-terapia

A fidelidade à premissa inicial da inseparabilidade do organismo e do ambiente sustenta os valores de respeito e de solidariedade, que garantem a deontologia e a vigilância ética, mas não esvaziam a questão do lugar da psicoterapia na sociedade. Trata-se de meio instrumental, a serviço do consumismo ambiente, escravizada pela proliferação de técnicas de bem-estar pessoal? Trata-se de um fermento de conscientização e de coconstrução? A Gestalt-terapia não está imune à ameaça de cooptação, mas seu alcance permanece subversivo, no sentido de que ela revoluciona os padrões preestabelecidos e abala os hábitos de pensamento. Seu compromisso é um ato político que coloca em movimento sujeitos que foram agredidos ou feridos pela vida, transformando-os em atores responsáveis e criativos. O pensamento libertário de Perls e Goodman não se limita a um método, mas questiona fortemente o sentido da humanização. A visão audaciosa dos pais fundadores forneceu o elã inicial para essa abordagem, que continua a elaborar-se graças aos sucessores, na fecundidade de um ajuste contínuo e transformador.

Referências

Blaize, J. (2002). *Ne plus savoir: Phénoménologie et éthique de la psychothérapie.* L'Exprimerie.
Blaize, J. (2017). *Incertitudes et évidences de la Gestalt-thérapie.* L'Exprimerie.
Brissaud, F. (2010). *Pour un renouveau de la psychothérapie.* L'Harmattan.
Caldera E., Vanoye F. (2014). *Gestalt-thérapie, une esthétique de l'existence.* Armand Colin.
Delacroix, J.-M. (2006). *La Troisième Histoire.* Dangles.
Delacroix, J.-M. (2020). *La Pleine Conscience en psychothérapie.* Dangles.
Delisle, G. (1998). *La Relation d'objet en Gestalt-thérapie.* Du Reflet.
Francesseti, G. & alii. (2013). *Psychopathologie en Gestalt-thérapie.* L'Exprimerie.
Ginger, S. & A. (2009). *La Gestalt, une thérapie du contact* (9. ed.). Hommes et groupes.
Marc, E., Masquelier-Savatier, C. (2020). *Regards croisés sur la psychothérapie.* Enrick B.
Masquelier, G. & C. & alii. (2019). *Le Grand Livre de la Gestalt* (2. ed.). Eyrolles.
Masquelier, G. (2008). *La Gestalt aujourd'hui. Choisir sa vie* (3. ed.). Retz.
Masquelier-Savatier, C. & alii. (2021). *La Gestalt-thérapie avec les enfants et leurs familles.* In Press.
Masquelier-Savatier, C. (2020). *Comprendre et pratiquer la Gestalt-thérapie* (3. ed.). Inter.
Perls, F. (1978). *Le Moi, la faim et l'agressivité.* Tchou.
Perls, F. (2010). *Manuel de Gestalt-thérapie* (3. ed.). ESF.
Perls, F., Hefferline, R., & Goodman, P. (1979). *Gestalt-thérapie, t. I & II.* Stanké.

Perls, F., Hefferline, R., & Goodman, P. (2001). *Gestalt-thérapie, t.II*. L'Exprimerie.
Perls, L. (2001). *Vivre à la frontière (1993)*. L'Exprimerie.
Petit, M. (1996). *La Gestalt, thérapie de l'ici-et-maintenant* (5. ed.). ESF.
Robine, J.-M & alii (2016). *Self, une polyphonie de Gestalt-thérapeutes contemporains*. L'Exprimerie.
Robine, J.-M. (1998). *Gestalt-thérapie. La construction du soi*. L'Harmattan.
Robine, J.-M. (2004). *S'apparaître à l'occasion d'un autre*. L'Exprimerie.
Robine, J.-M. (2012). *Le changement social commence à deux*. L'Exprimerie.
Salathé, N.K. (2005). *Psychothérapie existentielle, une perspective gestaltiste* (3. ed.). Amers.
Vanoye, F. (2004). *La Gestalt, thérapie du mouvement*. Vuibert.
Vincent, B. (2003). *Présent au monde, Paul Goodman*. L'Exprimerie.
Yalom, I. (2008). *Thérapie existentielle*. Galaade.
Yalom, I. (2017). *Thérapie existentielle*. Le Livre de poche.
Zinker, J. (2006). *La Gestalt-thérapie, un processus créatif*. Inter-Dunod.
Zinker, J. (2006). *Le Thérapeute en tant qu'artiste*. L'Harmattan.

Revistas profissionais[28]

À dire, revue de la Fédération des professionnels de la Gestalt-thérapie. https://www.fpgt.fr/page/1655425-a-dire
Cahiers de Gestalt-thérapie, revue du Collège européen de Gestalt-thérapie. https://www.cegt.org
Revue Gestalt, revue de la Société française de Gestalt. https://www.sfg-gestalt.com

Livros citados pela autora

Balmary, M. (1987). *L'Homme aux statues*. Grasset.
Béja, V. (2000). Au-delà du self ? Gestalt et spiritualité. *Revue Gestalt, revue de la Société française de Gestalt*, (19).

---

[28]. Essas revistas profissionais encontram-se acessíveis no site https://www.cairn.info

Béja, V. (2010). Le pragmatisme au cœur de Gestalt-therapy: Dynamiques de couples. *Revue Gestalt, revue de la Société française de Gestalt,* (37).

Béja, V. (2013). Groupe thérapeutique et sociétés, transformations au cœur des groupes. *Cahiers de la Gestalt-thérapie et de la revue Gestalt.*

Bergeret, J. (1984). *La Violence fondamentale.* Dunod.

Blaize, J. (2001). Introduction à une approche phénoménologique du corps. In *Ne plus savoir: Phénoménologie et éthique de la psychothérapie.* L'Exprimerie.

Blaize, J. (2001). L'inachevé de la Gestalt-thérapie. In *Ne plus savoir: Phénoménologie et éthique de la psychothérapie.* L'Exprimerie.

Blaize, J. (2002). *Ne plus savoir: Phénoménologie et éthique de la psychothérapie.* L'Exprimerie.

Blaize, J. (2017). *Incertitudes et évidences de la Gestalt-thérapie.* L'Exprimerie.

Blanquet, E. (2012). *Apprendre à philosopher avec Heidegger.* Ellipses.

Bonnasse, P. (2011). *L'Attitude phénoménologique.* Éolienne.

Brissaud, F. (2010). *Pour un renouveau de la psychothérapie : Mutations.* L'Harmattan.

Brissaud, F. (2010). *Pour un renouveau de la psychothérapie.* L'Harmattan.

Bruckner, P. (2000). *L'Euphorie perpétuelle. Essai sur le devoir du bonheur.* Grasset.

Buber, M. (1969). *Je et Tu.* Aubier.

Caldera E., Vanoye F. (2014). *Gestalt-thérapie, une esthétique de l'existence.* Armand Colin.

Corbeil, J. (1994, Outono). Wilhem Reich et deux de ses héritiers : la bioénergie et la Gestalt-thérapie. *Revue Gestalt, Revue de la Société Française de Gestalt-thérapie,* (7).

De Neuforn, S. S. (1996). La présence, une forme de soutien. *Cahiers de Gestalt-thérapie.* L'Exprimerie.

De Neuforn, S. S. (2012). La spécificité de la Gestalt-thérapie. (2012). In C. Masquelier & G. Masquelier (dir.). *Le Grand Livre de la Gestalt.* Eyrolles.

Delacroix, J.-M. Intercorporalité et aimance du thérapeute, L'amour, un hors-sujet ? (2011). *Cahiers de Gestalt-thérapie* (28). L'Exprimerie.

123

Delacroix, J.-M. (2006). *La Troisième Histoire*. Dangles.
Delacroix, J.-M. (2020). *La Pleine Conscience en psychothérapie*. Dangles.
Delisle, G. (2011). *Les neurosciences en psychothérapie, qu'est-ce que ça change ?* [Conferência]. Champ G, institut de Gestalt-thérapie de Lille.
Delisle, G. (1998). *La Relation d'objet en Gestalt-thérapie*. Du Reflet.
Deschamps, C. *L'intercorporalité chez Merleau-Ponty, un concept-clé pour saisir la complexité du corps dans son rapport au monde*. Livro citado por J.-M. Delacroix (2011). Intercorporalité et aimance du thérapeute : L'amour, un hors-sujet? *Cahiers de Gestalt-thérapie* (28). L'Exprimerie.
Deshays, C. (2019). Concevoir la maladie mentale en Gestalt-thérapie. In C. & G Masquelier (ed.). *Le Grand Livre de la Gestalt*. Eyrolles.
Francesseti, G. & alii. (2013). *Psychopathologie en Gestalt-thérapie*. L'Exprimerie.
Frank, R. (2012). *Le Corps comme conscience et La Première Année de la vie*. L'Exprimerie.
Frankl, V. (1988). *Découvrir un sens à sa vie*. De l'Homme.
Friedlaender, S. (1918). *Schöpferishe Indifferenz*. G. Müller.
From, I. & Miller, M. V. (1994). *Introdução à edição americana de Gestalt-therapy*. The Gestalt Journal Press.
Gadamer, H. D. (1998). *Philosophie de la santé*. Grasset. Livro citado por Dastur, F. (2006). L'importance de la notion de forme en psychopathologie. In J.-M. Robine. (2006). *La Psychothérapie comme esthétique*. L'Exprimerie.
Ginger, S. & A. (2009). *La Gestalt, une thérapie du contact* (9. ed.). Hommes et groupes.
James, W. (1968). *Le Pragmatisme (1907)*. Flammarion.
James, W. (1946). *Précis de psychologie (1908)*. Marcel Rivière.
Lee, J. (Diretor). (2011). *Paul Goodman changed my life* [filme].
Lewin, K. (1952). *Field Theory in Social Science*. Tavistock.
M. Merleau-Ponty, Phénoménologie de la perception, Paris, Gallimard, 1945.
Marc, E. & Masquelier-Savatier, C. (2020). *Regards croisés sur la psychothérapie*. Enrick B.
Marrow, J. & Lewin, K. (1972). *Vers une théorie du champ*. Sciences de l'homme & Vrin.

Masquelier, C. & Masquelier, G. (dir.) (2012). *Le Grand Livre de la Gestalt*. Eyrolles.
Masquelier, C. & G (ed.). (2019). *Le Grand Livre de la Gestalt*. Eyrolles.
Masquelier, G. (1999). Les pressions existentielles. In *La Gestalt aujourd'hui* (3. ed.). Retz.
Masquelier, G. (2008). *La Gestalt aujourd'hui. Choisir sa vie* (3. ed.). Retz.
Masquelier-Savatier , C. & alii. (2021). *La Gestalt-thérapie avec les enfants et leurs familles*. In Press.
Masquelier-Savatier, C. (1997). Les mécanismes d'urgence *Revue Gestalt, revue de la Société française de Gestalt*, (11).
Masquelier-Savatier, C. (2000). La Gestalt-thérapie et la bioénergie sont-elles cousines? *Revue Gestalt, revue de la Société française de Gestalt*, (18).
Masquelier-Savatier, C. (2008). *Comprendre et pratiquer la Gestalt--thérapie*. Inter-Dunod, p. 34 à 37.
Masquelier-Savatier, C. (2020). *Comprendre et pratiquer la Gestalt-thérapie* (3. ed.). Inter.
Panksepp, J. (2004). *Affectives Neurosciences : The Foundations of Human and Animal Emotions*. [Series in Affective Science]. Oxford University Press.
Parlett, M. (1999). Réflexions sur la théorie du champ : Plain--champ. *Cahiers de Gestalt-thérapie*,(5). L'Exprimerie.
Peirce, C. S. (1878, jul.-dez.). Comment se fixe la croyance? *Revue philosophique de la France et de l'étranger*,VI.
Peirce, C. S. (1879, jan.-jun.). Comment rendre nos idées claires? *Revue philosophique de la France et de l'étranger*.
Perls, F. (1967). *Ma Gestalt-thérapie: Une-poubelle-vue-du-dedans--et-du-dehors*.Tchou.
Perls, F. (1972). *Rêves et existence en Gestalt-thérapie*. L'Épi.
Perls, F. (2003). *Manuel de Gestalt-thérapie (1973)*. ESF.
Perls, F. (1978). *Le Moi, la faim et l'agressivité (1942)*. Tchou.
Perls, F. (2010). *Manuel de Gestalt-thérapie* (3. ed.). ESF.
Perls, F., Hefferline R., & Goodman, P. (1979). *Gestalt-thérapie, t. I & II*. Stanké.
Perls, F., Hefferline R., & Goodman, P. (2001). *Gestalt-thérapie, t.II*. L'Exprimerie.

Perls, L. (2001). *Vivre à la frontière (1993)*. L'Exprimerie.
Petit M. (1996). *La Gestalt, thérapie de l'ici-et-maintenant (1980)* (5. ed.). Retz-ESF.
Picard, D. & Marc, E. (2020). *L'École de Palo Alto* (3. ed.). Puf.
Rech, R. (2000). Zen et Gestalt. *Revue Gestalt, revue de la Société française de Gestalt*, (19).
Rizolatti, G. & alii. (janeiro, 2007). Les neurones miroirs. *Pour la science*.
Robine, J.-M. & alii (2016). *Self, une polyphonie de Gestalt-thérapeutes contemporains*. L'Exprimerie.
Robine, J.-M. (1998). *Gestalt-thérapie. La construction du soi*. L'Harmattan.
Robine, J.-M. (2004). *S'apparaître à l'occasion d'un autre*. L'Exprimerie.
Robine, J.-M. (2012). *Le changement social commence à deux*. L'Exprimerie.
Salathé, N. K. (2005). *Psychothérapie existentielle, une perspective gestaltiste* (3. ed.). Amers.
Salathé, N. K. (1993). La Gestalt, une philosophie clinique (Conferência). Congresso da EAGT, Paris, França.
Salathé, N. K. (1992). *Psychothérapie existentielle*. Amers.
Sartre, J.-P. (2005). *L'Être et le Néant (1943)*. Gallimard.
Sartre, J.-P. (1968). *L'existentialisme est un humanisme (1946)*. Gallimard.
Schore, A. (2003). *Affect Regulation and The Repair of The Self*. Norton & Company.
Schore, A. (2003). *La Régulation affective et la Réparation de soi*. CIG.
Shepard, M. (1980). *Le Père de la Gestalt. Dans l'intimité de Fritz Perls*. Stanké.
Sicard, J. (1996). La conscience, phénomène de champ. *Cahiers de Gestal-Thérapie*. L'Exprimerie.
Sontag, S. (2013). *Under de sign of Saturn: essays*. Peguin.
Stern, D. (1989). *Le Monde interpersonnel du nourrisson*. Puf.
Stoehr, T. (2012). *Ici, maintenant et ensuite. Paul Goodman et les origines de la Gestalt-thérapie*. L'Exprimerie.
Tillich, P. (1999). *Le Courage d'être*. Cerf.
Vanoye, F. (2004). *La Gestalt, thérapie du mouvement*. Vuibert.
Vincent, B. (2003). *Présent au monde. Paul Goodman*. L'Exprimerie.
Von Bertalanffy, L. (1973). *Théorie générale des systèmes*. Dunod.
Yalom, I. (1980). *Existential Psycotherapy*. Basic Books.

Yalom, I. (2008). *Thérapie existentielle*. Galaade.
Yalom, I. (2017). *Thérapie existentielle*. Le Livre de poche.
Zahm, S. (1999). *Le Dévoilement de soi* dans la pratique du Gestalt-therapeute. L'Exprimerie.
Zinker, J. (2006). *La Gestalt-thérapie, un processus créatif*. Dunod.
Zinker, J. (2006). *Le Thérapeute en tant qu'artiste. Écrits de 1975 à 2001*. L'Harmattan.
Zinker, J. (2006). *Le Thérapeute en tant qu'artiste: écrits de 1975 à 2001 – traces d'une filiation constitutive de la Gestat-therapie*. L'Harmattan.

Livros usados pelo tradutor

D'Acri, G., Lima, P., Orgler, S. (2014). *Dicionário de Gestalt-terapia: "gestaltês"* (2. ed.). Summus.
Perls, F., Hefferline R., & Goodman, P. (1997). *Gestalt-terapia*. Summus.
Perls, F., Hefferline R., & Goodman, P. (2011). *Gestalt Therapy: excitement and growth in the human personality*. The Gestalt Journal Press. ASIN: B0051R9XPK

Conecte-se conosco:

- facebook.com/editoravozes
- @editoravozes
- @editora_vozes
- youtube.com/editoravozes
- +55 24 2233-9033

www.vozes.com.br

Conheça nossas lojas:
www.livrariavozes.com.br

Belo Horizonte – Brasília – Campinas – Cuiabá – Curitiba
Fortaleza – Juiz de Fora – Petrópolis – Recife – São Paulo

 *Vozes de Bolso*

EDITORA VOZES LTDA.
Rua Frei Luís, 100 – Centro – Cep 25689-900 – Petrópolis, RJ
Tel.: (24) 2233-9000 – E-mail: vendas@vozes.com.br